YIBENSHU
DUDONG
JINRONG CHANGSHI

李昊轩◎著

一本书读懂金融常识

学点用得上的金融常识，让理财变得更简单

中国商业出版社

图书在版编目（CIP）数据

一本书读懂金融常识 / 李昊轩著．—北京：中国商业出版社，2013.4
ISBN 978-7-5044-8014-9

Ⅰ．①一…　Ⅱ．①李…　Ⅲ．①金融—通俗读物
Ⅳ．①F83-49

中国版本图书馆 CIP 数据核字（2013）第 037916 号

责任编辑：张振学

中国商业出版社出版发行
010-63180647　www.c-cbook.com
（100053　北京广安门内报国寺 1 号）
新华书店总店北京发行所经销
香河县宏润印刷有限公司
*
710×1000 毫米　16 开　14 印张　200 千字
2015 年 2 月第 1 版　2015 年 2 月第 2 次印刷
定价：29.80 元
* * * *
（如有印装质量问题可更换）

序言 Preface

由“思变”到“实现”

在现实中，我们时刻被金融学的影子所萦绕，每个人日常生活的点滴行为都在有意无意地运用金融学规律进行选择和取舍，消费、投资、理财、融资、借贷……每个事件的背后其实都有一定的金融法则可循。用金融学的原理来反观我们的生活，其实我们就是生活在一个金融学乐园里。人生时时皆金融，生活处处皆金融，我们的生活已经离不开金融学。因此，我们每个人都应该关注金融世界的人和事，学习并寻找降低生活成本、提高资金收益率的捷径。

在金融市场的大课堂里，富商大贾研究金融，是缘于金融能够教其预防资产缩水；中产阶级关注金融，是缘于每一次金融危机都可能会使其“片甲不回”；步入小康的家庭学习金融，是缘于思考如何让钱生钱，令生活更美；资本薄弱的“穷人”对金融产生浓厚兴趣，不仅在于金融能够解决温饱改善民生，而且在于期望有朝一日抓住金融市场机遇，实现从“负翁”到“富翁”的华丽转变。关注金融，就是关注自己的未来。但是，这种由“思变”到“实现”，完全取决于对相关金融知识和技巧的掌握、分析、理解和运用上。

其实，金融学并不像遥挂在天边的彩虹，可望而不可即；金融学也并不只有复杂的理论，高深的原理以及抽象的教学符号。在本书里，金融学仅仅是与我们现实生活息息相关、不可分离、妙趣横生的事实。

《一本书读懂金融常识》是一本通俗的金融知识读物，全书分为上下两篇，即金融常识篇和金融理财篇，分别从金融货币、市场信用、银行利率、资本运作等十个方面较为系统地阐述了金融学的基本理论知识及其在现实社会生活中的应用。

为了更加透彻地阐释金融学的内涵，本书运用浅显易懂的笔墨巧妙地揭开了这枚神奇艺术之果的内核，让读者在愉悦和享受中，迅速学会运用金融学的视角和思维观察、剖析种种生活现象，发现幸福和成功背后的本质，从而睿智、理性地作出决策，指导自己的行为。规划人生，以最小的投入获得最大的收益。

目录
Contents

上篇　金融常识——轻轻走进身边的金融世界

第一章　货币——金融市场的灵魂

第二章　信用——金融市场的基石

下篇　金融理财——唯有理财才能生财

上篇

金融常识——轻轻走进身边的金融世界

谈到金融学，多数人会认为是一门多么深奥的学科，其实不然。殊不知，我们每天的生活都与金融息息相关：存款取款、刷卡消费、投资股票、购买保险，甚至交水电费……总之，这是最贴近我们生活的一门知识。因此，只有掌握了基本的金融常识，我们才能更好地掌握、分析和理解与我们生活相关的重要的经济问题。

第一章　货币——金融市场的灵魂

货币：钱非万能，但没有钱万万不能

钱，一种为人们所熟知的等值量化交换工具。在社会生活中，人们为了满足需要和欲求，必须通过交换来实现，而这种交换又必须以钱作为载体，可以说，钱是人的养命之源、生存的物质基础。中国有句俗语说道："有钱能使鬼推磨"，虽然这句话蕴含讽刺意义，但从现实角度来讲，财力有限会让人受到更多的困扰。

金钱代表货币，在经济学中，货币是商品经济内在矛盾的产物，是价值形式发展的必然产物，是从商品中分离出来的固定的充当一般等价物的商品，体现着商品生产者之间的社会经济关系。从最开始的实物货币，到后来的金属货币，再到如今的信用货币、存款货币和电子货币，货币在商品经济的发展中扮演着重要的角色。

关于金钱的本质，从经济学的角度看，有多种不同的解释，大体可以分为三类。一类是金钱本质观，认为货币是固定的实现等价交换的代替物，货币的价值建立在实体的物质商品基础上，因此，只有黄金一类实体商品才是货币，纸币一类的金钱只是货币的符号，而不代表货币本身；一类是现代西方经济学中普遍认同的观点，货币的本质就是货币的职能，认为货币本身并不那么重要，重要的是它具有价值表现、价值度量、交易中介、价值贮藏等多种职能；还有一类认为，货币是固定地充当一般等价物的担保品或保证品，本身可以是物质商品的，也可以是符号的，既可以是黄金也可以是纸的凭证，只要它对得到它的人担保能够获得实体的价值，它就是货币——在商品或黄金货币时代，金钱本身就是实体价值，它用自身价值担保，而在纸币时代，发行纸币的主体担保纸币可以交换到价值实体，它们都是金钱。

我们反对拜金主义，但货币与人类社会以及经济发展息息相关，我们必须要承认货币在社会经济运行中发挥的重要作用。

首先，货币所发挥的积极作用表现在：作为一种支付手段或交换媒介，货币节省了产品的交易成本，促进了商品经济的发展；降低了价值衡量和比较的成本，为实现产品交换提供了大大的方便；作为价值贮藏形式，货币提供了最具流动性的价值贮藏形式，使贮藏手段变得更为丰富。

其次，货币作为推动社会经济发展的动力源，使人们的生产活动和生活突破了狭窄的空间。因为没有货币的存在，人们积累的是实物财富，而实物财富的转移并不容易，这必然会限制人们行动的自由，人们的思想也会受到束缚；而货币出现以后，人们的活动领域比之前扩大了很多，与此同时，人们的思想也摆脱了一些传统习俗与偏见的束缚，这样不仅能大大激发人们的想象力和创造力，还能够扩大商品生产，促进思想文化的发展。还有一个更为重要的原因，人们可以用货币去积累和承袭财富，这就激起了人们创造财富的急切心理，这样一来，它就为扩大再生产创造了条件。如果社会上不存在货币，就没有资本的积累和社会资本的利用。如果社会上只有物质财富，人们就只能在简单再生产的小范围内循环，不可能出现扩大的社会再生产。所以说，货币对社会和经济的发展起到了重要的推动作用，这一点是不容忽视的。

最后，货币在社会经济运行中发挥着巨大作用。在商品生产和交换占据主导地位的今天，货币的作用体现在生活中的每个角落。日常生活中人们所需要的任何商品，都需要用货币去购买；人们所需要的各种服务，也需要通过支付货币来实现；人们劳动所得报酬——工资，也是用货币支付的；人们积累财富、保存财富的主要方式是积攒和存储货币。除了个人以外，企业、行政事业部门的日常运行同样也离不开货币。现代财政收支使用货币形式，整个经济运行状况也与货币相关，如果货币供求失去平衡，发生通货膨胀或通货紧缩现象，就会使经济的运行和发展受到阻碍。不仅国内的各种经济活动离不开货币，国际经济贸易和各种交往活动中也需要货币。因此，货币对经济发展、充分就业、物价稳定和国际收支都具有不可忽视的重要作用。

钱作为一种流通的价值符号，与人们的日常生活密切相关，已是我们日常生活的必需品。不得不承认，我们都生活在钱的世界里。查尔斯·兰姆说："金钱是能让我们去除了天堂以外的任何地方的一份护照；同时，它也能向我们提供除了幸福以外的任何东西。"

但是，我们必须要正确理解金钱在现代经济生活中的意义，树立正确的金钱观，不要太短视眼前的利益，忽视了长远的计划，要做金钱的主人，而不是奴隶。记住：金钱作为一种经济活动，和社会生活工具的特质是相似的，它天然就不是社会生活的目的。

货币的“规矩”——货币制度

自从货币产生以来，货币形式和货币制度都一直在发展变化。黄金之类的贵金属曾经是货币的主要形式。后来，钞票、支票之类的纸资产逐渐被当作货币使用，并且取代了黄金在交易中的地位。至今货币制度演变仍然没有中止，它向什么方向发展，关系到货币定义的演变。

无规矩不成方圆，货币制度就是货币的规矩。事实上，所谓货币制度，是指国家通过法律形式规定的货币流通的结构和组织形式，它随着社会经济制度的建立而逐步形成，并随着商品经济的发展变化而不断发展演变。货币制度的构成要素至少包括以下几个方面的内容：

1. 货币材料的确定

国家对货币材料的规定往往在很大程度上是对已经成为币材的某种商品的地位的一种事后法律认可行为。因为能够在历史上充当币材的商品，它一定是已经具备了包括价值高、易分割、耐磨损、抗腐蚀、易携带等诸多特点的东西。任何强制性地把某种不合适的商品规定为币材的行为都是违反货币产生和发展的本质要求的。通常而言，什么样的商品被规定为币材，我们就称相应的货币制度为该种商品的本位制，历史上的金本位制、银本位制等都因此而得名。

2．规定货币单位

货币单位是货币本身的计量单位。规定货币单位包括两方面：一是规定货币单位的名称，二是规定货币单位的值。在金属货币制度条件下，货币单位的值是每个货币单位包含的货币金属重量和成色；在信用货币尚未脱离金属货币制度条件下，货币单位的值是每个货币单位的含金量；在黄金非货币化后，确定货币单位的值表现为确定或维持本币的汇率。

3．规定流通中货币的种类

规定流通中货币的种类主要指规定主币和辅币。主币是一国的基本通货和法定价格标准；辅币是主币的等分，是小面额货币，主要用于小额交易支付。金属货币制度下，主币是用国家规定的货币材料按照国家规定的货币单位铸造的货币，而辅币用贱金属并由国家垄断铸造；信用货币制度下，主币和辅币的发行权都集中于中央银行或政府指定机构。

4．规定货币铸造发行的流通程序

货币铸造发行的流通程序主要分为金属货币的自由铸造与限制铸造、信用货币的分散发行与集中垄断发行。自由铸造指公民有权用国家规定的货币材料，按照国家规定的货币单位在国家造币厂铸造货币，一般而言主币可以内由铸造；限制铸造指只能由国家铸造货币，辅币为限制铸造。信用货币分散发行指各商业银行可以自主发行。早期信用货币是分散发行，目前各国信用货币的发行权都集中于中央银行或政府指定机构。

货币发行准备制度是为约束货币发行规模、维护货币信用而制定的，要求货币发行者在发行货币时必须以某种金属或资产作为发行准备。在金属货币制度下，货币发行以法律规定的贵金属作为发行准备；在现代信用货币制度下，各国货币发行准备制度的内容比较复杂，一般包括现金准备和证券准备两大类。

5．对货币支付能力的规定

对货币法定支付能力的规定也是货币制度的重要内容。在资本主义货币制度建立和发展的过程中出现了货币无限法偿和有限法偿的划分。无限法偿就是指法律规定的货币具有无限制偿付的能力，它意味着该种货币的持有人在任何性质、任何数量的购买和支付行动中，接受货币的对方不得以任何理由拒绝接收货币。而有限法偿则是指具备该种特性的货币的持有人在购买或支付活动中，如果以这种货币购买或支付的金额超过一定数量，那么收款人将有权拒收。

6．金准备制度

金准备制度又称黄金储备制度，是国家规定的黄金储备保管机构和管理黄金的制度。确立国家的金准备制度，是稳定币值的坚实基础，因此它是货币制度的一项重要内容。一国的金准备数量，是其经济实力状况的重要标志之一。世界各国的金准备，一般都集中由中央银行或国库管理。在金属货币流通条件下，金准备有三种用途：(1) 作为国际支付的准备金，也就是作为世界货币的准备金；(2) 作为时而扩大时而收缩的国内金属流通的准备金；(3) 作为支付存款和兑换银行券的准备金。在不兑现的信用货币制度的条件下，则只有第一项用途。后两项用途虽不直接存在，但金准备的多少，对稳定国内货币流通仍然具有重要作用。尽管 1975 年 9 月国际货币基金组织和世界银行第 30 届年会通过协议，废除黄金官价制度，正式终止了黄金在国际货币制度中过去所享有的特殊地位，但黄金仍旧构成各国国际储备的一个组成部分。

货币供给量的三兄弟——M0、M1 和 M2

在金融报道中，经常能见到 M0、M1 和 M2 这“三兄弟”，但很多人不知道它们具体代表什么。

其实，M0、Ml、M2 指的是货币供应量的范畴。人们一般根据货币流动性的大小，将供应量划分为不同的层次加以测量、分析和调控。货币的层次是指将货币按照一定的标准（通常是流动标准），划分成不同的范围。主要是指货币的统计口径。现实生活中，除现钞外，银行存款和各种有价证券都有一定的流动性，正是根据这种流动性，才把货币的供应量划分为不同的层次。目前，我国将货币供应量划分为以下三个层次：

M0：通货净额或现金。在西方，各国政府或中央银行发行的钞票最具有流动性，随时都可以作为支付的手段。但并非所有的现钞都可以计算在内，而要扣去各金融机构的库存现金。剩余部分计入货币供应的第一层次，即 M0。在我国，它指的是流通中的现金，即在银行体系之外流通着的现金。

M1：银行体系以外的通货（通货净值）或现金加上商业银行的活期存款，是狭义的货币供应量。活期存款可以随时提取，流动性仅次于现金，有些国家将它视同现钞货币，是成本最低的交易媒介和支付手段。由于对货币的理解不同，世界各国对 M1 的定义也存在差异。我国的 M1 是指流通中的货币量加上商业银行的活期存款。

M2：银行体系以外流通的通货和商业银行体系各种存款的总和，是较为广义的货币供应量。有学者认为，货币不仅仅是交易媒介，更是一种资产，它的主要功能不是交易，而是价值储藏。从这个角度分析，商业银行的其他存款，如定期存款和储蓄存款，显然也是货币。因此这些存款也就应包括在货币供应量的范围之内。在我国 M2 是指在 Ml 的基础上再加上商业银行的定期存款和储蓄存款。

其实还存在 M3，但因为是考虑到金融创新的现状而设立的，暂未测算，所以不被常用。

M0、M1 和 M2“三兄弟”之间的关系可以用以下列公式来表示：

M0：流通中的现金

M1=M0+ 商业银行的活期存款

M2=Ml+ 商业银行的定期存款 + 储蓄存款

通常，中央银行会根据这三个货币供应量的指标，来判断社会中流通的货币量是不是合适，进而调整货币政策，比如调整利率、调整准备金率等，以求达到经济平稳、物价稳定。

在我们的日常生活中，M0 与消费密切相关，它的数值高则证明老百姓手头宽裕、富足，在衣食无忧的情况下这种可能性将会更高；Ml 反映居民和企业资金松紧变化，是经济周期波动的现行指标，流动性仅次于 M0；而 M2 流动性偏弱，反映的是社会总需求的变化和未来通货膨胀的压力状况。

我们通常所说的货币供应量，主要是指 M2。货币投放渠道有两个：一是外汇占款投放；二是通过银行信贷投放。货币投放增长得越快，M2 的增长率也将越大。

宏观经济的运行状况一般可以通过 M1 和 M2 的增长率变化来揭示。将 M2 和 Ml 的增长率进行对比，有很强的分析意义。在很长一段时间内，如果 Ml 的增长率高于 M2 的增长率，则说明经济扩张较快，活期存款之外的其他类型资产收益较高。在这种情况下，会有更多的人把定期存款和储蓄存款提出进行投资或购买股票，大量的资金表现为可随时支付的形式，使得商品和劳务市场受到价格上涨的压力。影响 Ml 数值的原因很多，例如股票市场火爆就会影响到 Ml 的数值变化，很多人会将定期存款和部分资产变现投放到股市，促使 Ml 加速上扬。

反之，如果在很长的一段时间内，M2 的增长率较 M1 的增长率高，则说明实体经济中有利可图的投资机会在减少，可以随时购买商品和劳务的活期存款大量转变为较高利息的定期存款，货币构成中流动性较强的部分转变为流动性较弱的部分，这无疑将影响到投资，继而影响经济的增长。

货币也具有排他性——劣币驱逐良币

美国加州大学经济学教授乔治·阿克洛夫曾经举过这样一个例子：有一个二手车市场，里面的车虽然表面上看起来都一样，但其质量有很大差别。卖主对自己车的质量了解得很清楚，而买主则没法知道车的质量。假设汽车的质量由好到坏分布比较均匀，质量最好的车价格为 50 万美元，买方会愿意出多少钱买一辆他不清楚质量的车呢？最正常的出价是25万美元。那么，卖方会怎么做呢？很明显，价格在25万美元以上的“好车”的主人将不在这个市场上出售他的车了。这样一来，进入恶性循环状态，当买车的人发现有一半的车退出市场后，他们就会判断剩下的都是中等质量以下的车了，于是，买方的出价就会降到15万美元，车主对此的反应是再次将质量高于15万美元的车退出市场。依此类推，市场上的“好车”数量将越来越少……

请思考一下：为什么质量较差的车反而会战胜质量较好的车，成为二手车市场上的主流呢？因为这其中劣币驱逐良币规律起了一定的作用。

“劣币驱逐良币规律”是由16世纪英国政治家与理财家汤姆斯·格雷欣在其给英国女工的改铸铸币的建议中提出的，后来被英国经济学家麦克劳德在其著作《经济学纲要》中加以引用，并命名为“格雷欣法则”。

劣币驱逐良币规律，是一条经济规律，指在双本位货币制度的情况下，两种货币同时流通时，如果其中之一发生贬值，其实际价值则相对低于另一种货币的价值，那么，而实际价值高于法定价值的“良币”将被普遍收藏起来，逐步从市场上消失，最终被驱逐出流通领域，实际价值低于法定价值的“劣币”将在市场上泛滥成灾。

劣币驱逐良币的前提条件是这两种货币同时都为法定货币，并且具有一定法定比率，两种货币的总和必须超过社会所需的货币量。只有这样，才能使其中一部分良币被收藏起来推出流通领域。

在现今社会，劣币驱逐良币的情况大量存在。例如香港流通货币中，同时有十元纸币和十元硬币。由于十元硬币较容易伪造，而且较重，携带较不方便，被视为“劣币”。如果一个人同时有十元硬币和纸币，他会优先使用硬币，从而导致“劣币”流通量较“良币”高。

事实上，劣币驱逐良币规律不难理解，它不仅存在于货币制度中，还广泛存在于社会生活中。比如我们经常看到这样的现象：大家都会把肮脏、破损的纸币或者不方便存放的镍币尽快花出去，而留下整齐、干净的货币；在文明程度低的城市，乘公共汽车或地铁时，规矩排队者总是被挤得东倒西歪，几趟车也上不去，而不守秩序的人倒常常能够捷足先登，争得座位或抢得时间，最后遵守秩序排队上车的人越来越少，车辆一来，众人都争先恐后，搞得每次乘车如同打仗，苦不堪言；又如，在有些大锅饭盛行的单位，无论水平高低、努力与否、业绩如何，所获得的待遇和奖励没什么差别。于是，年纪轻、能力强、水平高的就都另谋高就去了，剩下的则是老弱残兵、平庸之辈，敷衍了事。

当然，货币之间的排他性不仅是劣币驱逐良币，也存在良币驱逐劣币。譬如在一个完全自由的外汇市场，亦即没有任何法律强制干预的市场，在各种货币之间，并没有一定的法定比价存在，而这些货币之间价值各不相同，其中走势坚挺、含金量较高的货币被认为是硬通货，即“良币”；反之，走势疲软、含金量低的货币被认为是软通货，即“劣币”。在国际贸易当中，人们往往乐意接受硬通货，而不愿意要软通货。从而造成了优胜劣败，形成了“良币驱逐劣币”的局面。这就像是在购物时，当没有可进行比较的商品时，大家都是对等的，所以选择上就会从自身的便利条件考虑，没有优劣之分；但长期试用之后，人们普遍选择的商品被广大消费者接受了，那么它的销量和质量就一直保持着，自然而然地就成为了“良币”，长期抢占着市场。此可谓“格雷欣法则”的反例，也可称为“反格雷欣法则”。

货币流通速度对经济的影响

巴西人波恩芬以务农起家，经半个多世纪的积蓄，最后竟拥有相当于一百万美元的巴西钱币。但他一不想将巨款存入银行，二不把钱投资做生意，而是将所有纸币兑换成巴西硬币，然后悄悄藏在一间地下室里。步入老年后，他每天从早到晚的工作就是呆坐在地下室，将一枚枚硬币擦得锃亮，尽管他也明白，巴西近年来每月的通货膨胀率高达百分之三十，但他仍顽固地坚信硬币不会贬值。

一天，他突然发现，这一房间硬币因通货膨胀而买不到一只小狗，他在钱堆上突发心脏病，最后竟死在这堆冰凉的硬币上。好心的邻居无法处理这一房间不值一文的硬币，于是决定将其撒落在他的墓穴里以代替泥土……

这个故事涉及金融学中的一个概念——货币流通速度。货币流通速度是指单位货币在一定时期内的周转（或实现交换）次数。商品实现交换后，一般会退出流通领域，进入生产或生活消费领域；而货币作为实现商品交换的媒介手段，是处在流通中不断地为实现商品交换服务的。在一定时间内，多种商品交换活动不断继起，同一单位货币就可以为多次商品交换服务，从而实现多次周转。例如，在一定时间内，甲用 10 元向乙买大米，乙用这 10 元向丙买蔬菜，丙又用它向丁买水果，这 10 元货币在一定时间内实现 30 元的商品价值，其流通速度是3次，就起到了30元货币的作用。

试想，如果社会中，人人都把钱囤积起来不花，这就意味着国家虽然印了100万元的钞票，而一些企业也生产了100万元的商品等着消费者来消费，但这时候，消费者却把钱囤在了家中，没有人消费，货币流通速度为零，长此以往，国家经济何谈发展呢？当然，我们也不鼓励那种无端的奢侈性的过度消费。因此，中国古老的节俭美德，看来要让位于现代的消费观念了。同样的道理，近几年，国家一直要拉动内需，要扩大国内的需求，这样才能产生更多的消费，使货币流通速度加快，最终的目的就是促进经济的繁荣。

可见，货币流通速度对经济能否有效扩张会产生一定的影响。要想实现一定规模的国内生产总值，就必须要有一定数量的货币和一定水平的货币流通速度。即使经济体的货币存量增加，如果货币流通速度下降，货币流通受阻，商品市场的交易水平会下降，整个经济规模也会下滑，实体经济增长将变缓。货币流通速度下降反映了定量的货币供给实现国内生产总值的水平下降了，货币扩张对经济刺激的效果下降。由此可见，提升货币流通速度将会促进实体经济市场交易顺利完成，刺激国内经济的增长。

在金融危机的冲击下，恢复一国经济的发展在一定程度上也依赖于货币的流通速度。货币流通速度上升，将会促进投资和消费信心上升，尤其是民间投资和老百姓消费的提升。通过扩大消费和投资，尤其是消费的增加，提高货币流通速度，这样才能更有效地促进经济增长。

有人说，那是不是货币流通速度越快，对我们的经济越有利呢？其实也不尽然。

货币流通速度过快是造成通货膨胀的原因之一。假设现在市场上的商品对应的货币量是100元，政府只印发了50元，货币流通速度为2次，这时商品和货币供需平衡。但现在货币流通速度过快了，1元的货币在一个月内流通了5次，那么，这1元的货币就承担了5元的职能，那么市场上总的货币量就是500元。可此时的市场上根本就没有与500元相对应的商品。这种情况必然导致物价上涨，引发通货膨胀。

从这两年的房地产市场来看，房地产市场的货币流通速度最为活跃。所以引发了房地产市场的极度繁荣，房价急剧上升。但当一定时期内房市创造财富的速度跟不上货币流速过快的节奏时，社会货币流通总量会过度膨胀，形成社会房地产泡沫。

如今的限购措施，其实都是在限制货币的流通。这类主张在我国经济日益市场化的今天，可能有人认为有些偏激，但怎样看待楼市调控政策限制货币的流通就值得研究了。应当看到，由于各个行业或经济领域投资回报率的差异，货币在各经济领域的流速和总量也是不均衡的，因为货币总是向盈利水平高的领域流动和集中。一般情况下，一个行业或领域的利润潜力被流入的货币挖尽后，在市场自发的调解下，又会流向其他有盈利的地方。但我国的经济体制还有待完备，非市场因素仍在较大程度上影响着货币的流向和总量，市场还缺乏较强的自我调节能力，在某些时候只能借助行政的力量。

国家为了促进经济发展，放宽政策，但由于经济转好的形势不够稳定，大多数行业的盈利能力不高或者不定性较大，致使货币不愿流入这些行业。而近几年房地产行业正好符合货币流入的条件，加之保值增值的预期和投资投机炒作的盛行，市场自身已经无法浇灭货币过度流入的亢奋。倘若继续允许货币资金肆无忌惮地流入房地产业，后果将不堪设想。一方面推动房价虚高，住房成了有钱人投资或投机炒作的工具，有房的人不去住等着卖高价，普通百姓需要住房，却因房价太高而买不起房。另一方面大量的社会资源被固化为城市的钢筋水泥森林，出现了一些空城，鬼城、烂尾城，不仅社会资源遭受巨大浪费，而且很有可能因房地产泡沫的最终破裂，使整个经济的发展遭受挫折。

总而言之，货币流通速度在一定的程度内可以促进经济的发展，但这仅限于一定的“度”；如果超过这个“度”，非但不会促进经济的发展，反而会对经济造成一定的负面影响。

虚拟货币——Q币究竟是货币还是商品

虚拟货币即非真实的货币，主要用于游戏中。在虚拟与现实有联系的情况下，虚拟的货币有其现实价值。知名的虚拟货币如腾讯公司的Q币，盛大公司的点券，新浪推出的U币或米票（用于iGame游戏），侠义元宝（用于侠义道游戏），纹银（用于碧雪情天游戏）……这里我们重点说的是影响最大的Q币。

“Q币”的诞生始于2002年5月，腾讯公司开发了虚拟货币系统，代表符号定名为“Q币”，1Q币代表1元人民币，即现在网民口中所说的“兑换”。用户付费后通过等值面额的卡号、密码与QQ号关联进行“充值”。但是随着互联网的迅猛发展，短短的几年，Q币就受到了网民们的无限青睐。而鉴于Q币的价值，甚至有很多专门提供Q币与人民币进行双向兑换的网站，使Q币逐渐成为一种可以流通的等价交换单位。

两年前，小陈通过玩QQ游戏赢得了大量Q币，他发现很多网友在倒卖Q币，也就开始了在网上倒卖Q币的生活。此后，小陈在各大电子商务网站和QQ游戏上发布广告。很快，他就在网上开了十几个专营Q币的商铺，以低价向玩家收购Q币然后转卖，买入时以1个Q币3角至5角人民币，再以6角至7角的价格出售。据小陈统计，现在平均每天与他交易的人数达到五六十人，每天能卖掉1000多个Q币。现在小陈每个月能有4000元左右的盈利。

这时候，虚拟货币和真实意义上的货币的界限模糊了，很多人可能有些诧异，Q币等虚拟货币究竟是商品还是货币呢？对此问题，不同的人有不同的看法。

有人认为，Q币等网络虚拟货币由商家发行，与人民币可以“兑换”，一旦Q币等虚拟货币商家无限发行，势必对人民币造成威胁。持这种观点的人相信，以Q币为代表的网络虚拟货币迟早会越过雷池，成为另一种电子货币。在Q币消费体系里，Q币不仅可以直接用于腾讯各种产品服务的消费，而且可以在人民币与腾讯内部的Q点、游戏币等其他虚拟货币之间建立等价交换关系，充当一般等价物的属性。从这个角度看，Q币已经具备货币的属性，成为一种虚拟货币，就可能会对人民币造成冲击。

也有人认为，Q币作为网络虚拟世界中的交易支付手段，已被赋予某种价值，可以作为等价物交换。但Q币等毕竟只局限于网络，并不具备法定货币的地位和价值，并且需要以人民币计价，因此不会对人民币造成大的冲击。

对此争论腾讯公司也有自己的看法，腾讯公司认为，Q 币是腾讯公司为方便广大用户推出的用于购买相关增值服务的一种支付工具，他们将 Q 币定位为“商品”，而非“货币”。他们认为，获得 Q 币的前提是需要支付人民币，而人民币是有数量控制的，所以 Q 币的发行量也是有限的，并非无限制发行，因此不具有搅动货币市场的能力。

一般认为，货币是充当一般等价物的特殊商品，这种特殊商品具有五大职能：价值尺度、流通手段、支付手段、储藏手段、世界货币。

1. Q 币的价值尺度并不是自身所拥有的，而是因为它绑定了人民币才体现出来的，假如 Q 币的官方价格经常变动，那价值尺度的作用根本无从体现；其他的虚拟货币如 U 币由于没有明确绑定人民币，所以它们的价值尺度作用也不明显。

2. 货币的本质首先是流通的，其次才是一般等价物，而 Q 币等虚拟货币只是作为等价物的特殊商品而已。

3. 尽管 Q 币在现实中被很多玩家当作买卖对象，也有人用 Q 币购买虚拟物品，但 Q 币设计的主要用途是作为腾讯公司自身的支付方式。如果 Q 币要进入现实世界中流通，唯一途径首先兑换成人民币。这就说明 Q 币的支付手段有一定的限制。

4. 货币退出流通领域作为社会财富的一般代表被保存起来的职能。但由于网络安全问题，很少人愿意在自己的账户上储藏大量 Q 币。所以，Q 币的储藏手段并不强。

5. 说 Q 币是世界货币，比较勉强，但在虚拟世界中，网络是无国界的，将 Q 币称为虚拟世界或者是网络世界的世界比较贴切。

通过对比不难发现，说Q币是货币还言之过早，先不说Q币无法成为统一的“网络硬通货币”，即使Q币成了统一的虚拟货币，它本身也无法脱离网络。

但是，虚拟货币的出现是市场经济运行的规律使然，是不能取消的，所以关键还是要加强对虚拟货币的管理和监督。国家税务总局在批复北京市地税局《关于个人通过网络销售虚拟货币取得收入计征个人所得税问题的请示》时表示，虚拟货币转让所得收入需缴纳个税，能提供收入证明，按利润的20%缴纳，否则，按交易全额的3%征税。这一规定似乎又证明Q币是一种商品而非货币。

总而言之，Q币究竟是商品还是货币，现在还没有明确规定，相信在以后的很长一段时间内，这仍然是一个值得人们去讨论的话题。但虚拟货币交易市场是真真切切存在的，虚拟货币交易所得要缴纳税款是必须的。

货币需求——到底该发行多少货币才合适

假设你是一位正处于热恋中的小伙子，你很爱你的女朋友。有一天，你们一起逛商场时，你那位漂亮的女朋友看上了一套衣服。这套衣服实在是价格不菲，要花3000元！但为了取悦她，你还是决定为她买下这套衣服。可不巧的是，你已经把钱都买了债券和股票。这时，你就遇到了流动性短缺问题。为了不让你的女朋友失望，你有两种办法：第一，卖出部分债券或股票；第二，向亲朋好友借钱。在第一种情况下，卖出债券或股票要缴纳一定的佣金和印花税，如果你应了那句“情场得意，赌场失意”的话，卖出时的价格比买进时还要低，那么你就要遭受资本损失。在第二种情况下，如果借给你钱的那位朋友不够义气，乘机宰你一把，要求 3% 的利息，你又要发生一笔利息支出了。虽然你的目的达到了，女朋友也很高兴，可是你心里难免会为遭受的非流动性成本而闷闷不乐。

俗话说，吃一堑长一智。经过这次教训后，你学聪明了。在与女朋友一起逛商场时，为了应付突发的货币支出，你决定随身带上 10000 元现金，足够她买一两套高档服装。但是这 10000 元在你的钱包里闲置了三个月后，你的女朋友才再次产生购买高档服装的欲望。如果存银行的年利率为 3%，在这三个月里你损失了 75 元利息，你又遭遇了机会成本。钱虽然不多，但这也足够你们来回坐出租车的钱了。

看来身上装的现金太少和太多都不好。现金少了，有非流动性成本。现金多了，则有持有货币的机会成本。保留多少现金在身边真是一项需要好好琢磨的问题。

这就涉及到一个金融概念——货币需求。

这里需要解释上述文中的两个词语——非流动性成本和机会成本。

非流动性资产是指无法出售或转换为现金的资产。非流动性成本就是指想要转化非流动性资产所需要付出的费用。机会成本是指为了得到某种东西所要放弃的另一样东西。

下面我们再来看看什么是货币需求。货币需求是指经济主体（如居民、企业和单位等）能够并愿意持有货币的行为。经济学意义上的需求指的是有效需求，不单纯表现为心理上的欲望，而是一种能力和愿望的统一体。货币需求作为一种经济需求。是由货币需求能力和货币需求愿望共同决定的有效需求，这是一种客观需求。

人们之所以对货币有需求，缘于货币是最具方便性、灵活性、流动性的资产，持有货币能满足人们对商品的需求。由于不同国家在经济制度、金融发展水平、文化和社会背景以及所处经济发展阶段的不同，影响货币需求的因素也会有所差别。现阶段影响中国货币需求的因素主要有：

1. 收入

近年来，随着人们收入水平的不断上升，以及经济货币程度的提高，货币在经济生活中的作用领域不断扩大，使得中国的货币需求不断增加。这是因为在市场经济中，各微观经济主体的收入都是以货币形式获得的，其支出也都要以货币支付。可以这样理解，收入的提高，使得社会财富增多，支出也就会相应扩大，因此就需要更多的货币量来满足商品交易。所以，收入与货币需求呈同方向变动关系。

2. 利率

利率的高低决定人们持有货币机会成本的大小，利率越高，持币成本越大，此时人们会减少货币的持有量，而选择购买生息资产以期获得高额利息收益；相反，利率越低，持币成本越小，人们的货币持有量就会增加，而选择减少购买生息资产。

可见，利率的变动与货币需求量的变动是反方向的。例如，1988 年全国零售物价指数上升 18.5%，而当时一年的定期储蓄利率仅为 7.2%，实际利率为负的状况导致了人们大量挤提存款，抢购商品，货币需求急剧上升。当政府很快采取物价指数保值的储蓄办法之后，实际利率上升，挤兑抢购的状况很快得到扭转，储蓄余额又开始上升，货币需求回落。

3．价格

货币需求是在一定价格水平上人们从事经济活动所需要的货币量。在商品和劳务量既定的条件下，价格越高，用于商品和劳务交易的货币需求也必然增多。因此，价格和货币需求，尤其是交易性货币需求之间，是同方向变动关系。

现实生活中，由商品价值或供求关系引起的正常价格变动对货币需求的影响是相对稳定的，而由通货膨胀造成的非正常价格变动对货币需求的影响则极不稳定。新中国成立后，我国几次通货膨胀期间都曾不同程度地出现了提款抢购、持币待购的行为，造成了这些时期货币需求超常增长。可见，价格因素对货币需求的影响很大。

4．货币流通速度

货币流通速度是指一定时期内货币的转手次数。一定时期的货币总需求就是货币的总流量，而货币总流量是货币平均存量与速度的乘积。在用来交易的商品与劳务总量不变的情况下，货币速度的加快会减少现实的货币需求量。反之，货币速度的减慢则必然增加现实的货币需求量。因此，货币流通速度与货币总需求呈反方向变动关系。

5．其他因素

如民族特性、生活习惯、体制变化，对利润与价格的预期变化、财政收支引起的政府货币需求的变化、信用发展状况、金融服务技术与水平等，都会影响货币需求。

现代经济理论认为，居民、企业等持有货币是出于不同的动机，它包括交易性动机、预防性动机和投机性动机等。与此相对应，货币需求就被分为交易性货币需求、预防性货币需求和投机性货币需求等。

(1) 交易性货币需求是居民和企业为了交易的目的而形成的对货币的需求，居民和企业为了顺利进行交易活动就必须持有一定的货币量，对于个人来说，就是购买基本生活用品所保留的现金。交易性货币需求是由收入和利率水平共同决定的。

在这里还要注意，我们通常所说的还有一个安全需求，安全需求不是独立的，一般会被简化归入“交易需求”。安全需求是指非银行金融机构为了进行不可预知的交易而需要的流动性。因为经济主体对未来的经济状况不确定，不能准确预知，收入越高，安全需求的实际范围就越大，即可预见的交易数额就越大。另一方面，必须得更新购买和维修的不确定性也需要货币的“安全需求”。

(2) 预防性货币需求是指为了应付意外事件而形成的货币需求。例如，你想买一套家具，恰好发现你想要的商品正在减价 50% 出售。假如此时你存有预防性货币，你肯定不会错失良机的。

(3) 投机性货币需求是由于对未来利息率的不确定，为了避免资本损失或增加资本利息，及时调整资产结构而形成的货币需求。简单来说，投机性货币需求就是为自己投资所预留的资金。

日常生活中，我们首先要留足交易性货币和预防性货币，然后再拿剩下的钱去投资，否则，如果你把财富全盘投向股票，遇上不好的年景，你的基本生活就会受到威胁了。

货币幻觉——只缘不识货币真面目

中国有句俗语叫“吃不穷，穿不穷，算计不到就受穷”，这是中国老百姓朴素的“理财”观念。生活中，对于钱财“算计算计”无伤大雅，但如果“过于算计”，就非但不能把钱打理清楚，反而适得其反。

李大妈是个过于算计却越算越亏的人。有一天，她要买牛肉回家待客，就跑到离家最近的东区菜场，一问一斤 18 元，她怕自己买贵了，觉得肯定有便宜的。于是，她就打电话给西区的菜友，让她们帮忙打听那边的牛肉价。结果，西区菜场的牛肉要价一斤 17.9 元。李大妈毫不犹豫，直接就坐公车奔到西区菜场，买了 40 多块钱的牛肉，她很为自己的精明得意，还庆幸没有在东区菜场里买。但是，旁边的菜友却说：“你为了省这点钱，但是你花的电话费、车费又是多少？”听到这句话，李大妈觉得没有了底气。

聪明反被聪明误，在生活中这种过于算计却适得其反的例子数不胜数，尤其是在个人理财领域。金融学上将人们这种“过于算计”反为算计所误的理财盲区归纳为“货币幻觉”。

“货币幻觉”一词是美国经济学家欧文·费雪于 1928 年提出来的，是货币政策的通货膨胀效应。它是指人们只是对货币的名义价值做出反应，而忽视其实际购买力变化的一种心理错觉。他告诉人们，理财的时候不应该只把眼睛盯在哪种商品价格降或是升了，花的钱多了还是少了，而应把大脑用在研究“钱”的购买力、“钱”的潜在价值等方面，只有这样，才能真正做到精打细算，花多少钱办多少事。否则，在“货币幻觉”的影响下，“如意算盘”打到最后却发现吃亏的是自己。

货币幻觉通常出现在通货膨胀时期，在通货膨胀发生时，个人无法了解通货膨胀或物价上涨的程度，只能凭借自己接触的本地区的少数商品的价格来判断。这样，个人的物价信息就是不完全的，个人只能将主要注意力放在自己的货币收入上。

美国耶鲁大学经济学教授罗伯特·J·席勒就曾经说过，正是货币幻觉导致的错误逻辑催生了房地产泡沫，“人们大都只记得几年前买房时的房价，却常常忘记了其他商品的价格，错误地认为房价比其他物价涨幅更大，从而夸大房地产的投资潜力。”

比如在房市上，A 和 B 分别花了 40 万元买了一套房子，然后再转手卖掉。在 A 卖房子的时候，碰上了 25% 的贬值率——商品和服务平均降价 25%，所以，A 的房子只卖了 30.8 万元，比买价低 23%。而 B 卖房子时，物价刚好上涨了 25%，结果房子卖了 59.2 万元，比买房价高 23%。很多人都认为 B 比 A 赚得多，其实不然，A 才是赚得最多的那个，把通货膨胀的因素算在一起，A 所得的钱的购买力实际上增加了 20%。

其实，我们的每笔收入都可以用纯粹的货币额来表示，也可以用当前通货膨胀率把它折算成实际价值，这将得到一个实际收入，它更准确地指示出收入的实际购买力。而患有货币幻觉毛病的人常常只注意到货币数量上的变化，却不会注意货币实际购买力的变化。

不只是个人，在股市上也存在类似“货币幻觉”的现象，经济学上通常把它称之为“绝对价格”货币幻觉。当一个股票或者投资品种绝对价格较低的时候，投资者总会认为其是便宜的，按照逻辑，既然便宜，那么这个“便宜货”就有了上涨的理论基础。既然便宜，绝对价格低的东西自然广受投资者欢迎。

这一点我们可以理解，股票的估值对一般股民太过复杂，把绝对价格高低作为估值贵贱的替代是想当然的选择。市场的种种缺陷又让这种错误不仅不被纠正反而强化。但是这里想强调的是，股票或权证的价值与其绝对价格高低并没有多少关系。

还要特别说明的一点是，人民币升值也会给普通百姓带来货币幻觉。因为根据金融常识，人民币的升值，名义上可能意味着你的钱包里的钱更值钱了，但这种简单计算的前提之一是你的消费和投资必须纳入“国际循环”，产生不同币种的交换行为，否则你很难直接感受到这种“财富效应”。也就是说，如果你不打算与外币进行兑换和交易，你的钱包并不会因为汇率的升高而鼓起来。因此，尽管理论上、名义上中国人比以前有钱了，但你却只能购买同样价值的国内商品，这就是“货币幻觉”。

第二章 信用——金融市场的基石

个人信用——请妥善保管“经济身份证”

个人信用，指的是根据居民的家庭收入与资产、已发生的借贷与偿还、信用透支、发生不良信用时所受处罚与诉讼情况，对个人的信用等级进行评估并随时记录、存档，以便于个人信用的供给方决定是否对其提供贷款以及贷款额度。反映个人信用状况有两种形式，即个人信用报告，信用评分。

个人信用，已经成为当今社会个人的“第二身份证”。千万不要轻视了个人信用，良好的信用记录是你的宝贵财富，可以在你申请信贷业务、求职、出国等诸多方面带来便利。不过，如果由于种种原因，在你的信用报告中出现了一些负面的信息，例如，信用卡没有及时足额还款、贷款逾期偿还等，这些信息都会如实展示在个人信用报告上，当这些记录数量较多或金额较大时，可能在你申请信用卡或贷款时，金融机构会认为你的信用意识不强或还款习惯不好而拒绝给你贷款或降低贷款的额度。这就会给你带来很大的麻烦。

刘小姐在北京一家外企工作，每个月收入有 8000 元人民币，在 2010 年上半年楼市逐渐回暖的情况下，刘小姐担心房价继续走高，于是动了买房的念头，但当她来到北京某投资担保有限公司准备向银行申请房贷时，却被工作人员告知自己已经上了银行征信系统的黑名单。

原来，银行在核实她的信用记录后发现，刘小姐名下有三张信用卡，并都有过几次还款逾期记录，这样一来，一些银行就拒绝了刘小姐的房贷申请。

刘小姐抱怨，因为我的工作性质是经常要到外地出差，可能无法按期还款，谁想到会影响以后的贷款。

从参加工作开始，刘小姐就陆续办理了三张不同银行的信用卡，但在使用信用卡刷卡消费之余，她并没有意识到按时还款的重要性，产生了多次逾期记录，最长的一次逾期长达一个多月。

后来经过贷款公司工作人员的努力，最终有一家银行受理了刘小姐的贷款申请，但银行要求她必须支付 30% 的首付款，这样一来，刘小姐预期的首付从 37 万元一下子增加到了 46 万元，并且不能享受七折的优惠利率。工作人员还告诉她，信用不良记录将会一直存在下去。对此，刘小姐感到非常担心。

在刘小姐身上发生的这一案例，就是一个关于个人信用的案例。

个人信用标准取决于契约约定的精心化程度。建立准确的个人信用衡量标准，加强个人信用管理是提高银行经营管理水平的要求。只有建立准确的个人信用衡量标准，才能正确地判定个人的信用记录，并准确地使用逾期率、违约率、不良贷款比率等概念指导工作。

个人信用的出现是很有必要的，它也是金融信用的一个重要组成部分。在我们国家，个人信用还处在刚刚起步的阶段，但在信用体系发达的国家，个人信用记录应用非常广泛，在贷款、租房、买保险甚至求职时都会用到。一份良好的信用记录会给个人带来许多实惠，他可以享受到更低的贷款利率，获得更高的信用额度，可以更加方便地办理各种手续，由此信用也变成了一笔切切实实的财富。

为了建立良好的个人信用机制，中国人民银行组织各商业银行建立了个人征信系统。该系统又称消费者信用信息系统，主要通过采集、整理、保存个人信用信息，为金融机构提供个人信用状况查询服务。它主要包括三类信息：第一类是基本信息，包括个人的姓名、证件号码、家庭住址、参加社会保险和公积金等信息；第二类是个人的信用活动信息，包括贷款、信用卡、担保、电信缴费、公共事业缴费等信息；第三类则是个人的公共信息，包括欠税、法院判决等信息。

个人信用是整个社会信用的基础。市场主体是由个体组成的，市场交易中所有的经济活动，与个人信用息息相关。一旦个人行为失之约束，就会发生个人失信行为，进而出现集体失信。因此，个人信用体系建设具有极其重要的意义。

个人信用不仅是一个国家市场伦理和道德文化建设的基础，更是一个国家经济发展的巨大资源。开拓并利用这种资源，能够有效地推动消费，优化资源配置，促进经济发展。市场经济越发展，个人信用所发挥的功能越重要，个人信用体系的完善与否已成为市场经济是否成熟的显著标志之一。

那么，在市场经济条件下，个人该如何有效地利用信用产品，维护良好的信用记录呢？

首先，要尽早建立你的信用记录。可能有的人会说，为了免除信用污点，干脆就不借款好了，这样就可以一清二白了？这里要说明的是，不从银行借钱不等于就有好的信用，没有信用的历史记录，银行就难以判断个人信用状况。所以，建立信用记录的一个简单方法就是与银行发生借贷关系。

其次，要努力保持良好的信用记录。这就是说要重视信用，树立诚实守信观念，及时归还贷款及信用卡透支款项，按时交纳各种费用，否则就会对个人信用造成影响。

最后，要多关心自己的信用记录。生活繁忙，金融交往也很频繁，由于一些无法避免的原因，你的信用报告中的信息可能会出现错误，因此一定要及早发现。一旦发现自己的个人信用记录内容有错误，应尽快联系提供信用报告的机构，及时纠正错误信息，以免使自己受到不利的影响。

银行信用——把钱财存入银行，最靠谱

生活中，当人们手中有了一部分闲置资金时，首先想到的一定是存入银行。如果你问大家为什么，答案一定是“银行安全啊！”银行究竟为什么安全呢？这就要归因于银行的信用了。

其实，自古以来，人们就有把钱存在银行的安全意识，只不过当时不叫银行而是钱庄。理论上，二者几乎是相通的。到底金融学上怎样定义“银行信用”呢？

银行信用是指以银行为中介，以存款等方式筹集货币资金，以贷款方式对国民经济各部门、各企业提供资金的一种信用形式。具体来说就是由商业银行或其他金融机构授给企业或消费者个人的信用。在产品赊销过程中，银行等金融机构为买方提供融资支持，并帮助卖方扩大销售。商业银行等金融机构以货币方式授予企业信用，贷款和还贷方式的确定以企业信用水平为依据。商业银行对不符合其信用标准的企业会要求提供抵押、质押作为保证，或者由担保公司为这些企业作出担保。后一种情况实质上是担保公司向申请贷款的企业提供了信用，是信用的特殊形式。

银行对贷款部门或个人进行严格的审批，降低了银行收回贷款的风险，这样在一定程度上就能够保证储户存款的安全。试想，如果银行放松了对贷款的审批，人们不管是买房还是买车，只要向银行申请就能贷到款，但贷款人却没有能力去偿还银行的贷款，长期下去，银行所面临的将不仅是储户的存款不保，甚至还有可能倒闭。

马先生看中一套价值 400 万的房子，按照首付四成的比例，他需要拿出 160 万的首付款。虽说马先生夫妇年收入不算低，但他表示最近股市比较好，不太想动用股市里的钱支付首付款，而是想通过抵押自己现有住房去支付首付款，然后再办理住房按揭贷款。也就是说，400 万元的房款全部通过银行贷款方式支付。

马先生这一算盘打得不错。但他向建行、招行、工商银行等银行工作人员咨询了一圈下来，发现银行根本无法满足他的要求。所有银行均表示抵押贷款不能作为购买房子的首付款，也有银行直接告知，房屋抵押率最多只能做到 7 成左右。有的银行还表示利率上浮 10%。

银行的一位工作人员说，只要是用于购房、买车、装修、旅游等消费，均可以申请办理个人抵押贷款，但是必须出具贷款用途证明。例如，抵押贷款用于购房，客户需要提供购房合同、首付款收据等。为了降低经营风险和控制放贷规模，一些银行已经开始停办个人贷款业务，虽然有些银行仍然可以办理个人贷款，但对贷款的用途审查得更加严格。

银行的安全性在于其对风险的防范，同时也在于国家信用对银行的支持，这使得银行信用要高于企业信用、商业信用等其他一些信用形式。

银行信用是间接信用，是存贷款人的中介。但银行作为中介人与一般商业经纪人、证券经纪人不同，存款人除按期取得利息外，对银行如何运用存入资金无权过问，正因如此，银行在资本主义经济中由简单的中介人逐步发展成“万能的垄断者”。在资本主义社会，银行信用是主体，但商业信用是整个信用制度的基础。因为银行贷款一般是针对商业票据进行抵押或贴现，银行直接对企业发放的不要任何担保品的信用贷款只占一定比重。从直接信用和间接信用的关系来看，直接信用是基础，间接信用是后盾。没有银行信用的支持，商业票据就不能转化为银行信用，商业信用等直接信用的运用和发展就会受到极大削弱。

一般来说，银行信用具有以下特点：

1. 银行信用是以货币形态提供的。银行贷放出去的已不是在产业资本循环过程中的商品资本，而是从产业资本循环过程中分离出来的暂时闲置的货币资本，它克服了商业信用在数量规模上的局限性。

2. 银行信用的借贷双方是货币资本家和职能资本家。由于提供信用的形式是货币，这就克服了商业信用在使用方向上的局限性。

3. 在产业周期的各个阶段上，银行信用的动态与产业资本的动态往往不相一致。

在社会信用体系中，银行信用是支柱和主体信用，是连接国家信用和企业信用、个人信用的桥梁，在整个社会信用体系的建设中，具有先导和推动作用。一旦银行信用缺失，会在很大程度上破坏金融市场的有序性、公正性和竞争性，给金融发展环境造成诸多不利影响。可以说，银行信用是整个社会信用健全完善的重要标志，也是构筑社会金融体系的基石。

国家信用——国债热销背后的重要因素

20 世纪 80 年代，为平衡财政预算，财政部开始恢复发行国债，发行对象是企业、政府机关、团体、部队、事业单位和个人，到 2000 年国债已连续发行了 19 年。在这期间，国债逐渐为老百姓所接受并喜爱，以至经常出现排队争购国债的现象。

后来，随着股票、基金等新型理财工具进入投资市场，人们购买国债的热情大减。但是，当 2009 年经历了股市震荡和基金缩水的惨痛后，老百姓对国债重拾热情，国债依旧魅力不减，有的营业网点甚至重现了排队购买国债的景象。

金融危机影响市场的金融机构，资金缩水，投资市场遇到“冰冻”期，可就在这种情况下，投资者选择购买国债，甚至是大批购买。这是为什么呢？其最主要的原因就是国家信用。

国债，又称国家公债，是由国家发行的为筹集财政资金而发行的一种政府债券，是中央政府向投资者出具的，承诺在一定时期支付利息和到期偿还本金的债权债务凭证。通俗地说，国债就是由国家担保的债务，只要国家还在，国债就不会像股票一样出现“退市”的情况。所以它具有最高信用度，代表的是国家信用，被公认为是最安全的投资工具。

国家信用是以国家为主体进行的一种信用活动。国家按照信用原则以发行债券等方式，从国内外货币持有者手中借入货币资金，说白了，国家信用其实是一种国家负债。国家信用既是国家为弥补收支不平衡、建设资金不足的一种筹集资金方式，同时也是实施财政政策、进行宏观调控的一种措施与手段。

2009 年 11 月 27 日，备受国内关注的 200 亿元 50 年期国债正式招标，这意味着中国迄今为止发行期限最长的国债启航。之所以在当前这个时点出来，有相当一部分原因在于，当前存款利率和 CPI 均较低，其中一年期存款利率仅为 2.25%，CPI 则为负值。从财政学角度来看，在市场利率高的时候，政府倾向于发行短期国债；而在市场利率较低时，则倾向于发行长期国债，以便减少负债成本。

中国人民大学财政金融学院财政系主任朱青说，2009 年初，中国财政预算赤字一再修改，最终由财政部提出的 2800 亿元调整为 9500 亿元，其中中央财政赤字为 7500 亿元，要弥补如此大的赤字，中央政府必须发行国债。

这就是国家利用国家信用发行国债弥补国家收支不平衡的典型例子。

国家信用影响金融市场发展的全过程。在资本的原始积累时期，国家信用是强有力的杠杆之一。在资本主义制度下，政府债券主要是通过资本主义大银行或在公开金融市场上发行的，银行不仅可以从中取得大量回扣，而且政府发行的各种债券还为银行的股份公司提供了大量虚拟资本和投机的重要对象。随着资本主义经济危机和财政危机的加深，通过国家信用取得的收入已成为国家财政收入的重要来源，是弥补亏空的主要手段。在现代西方发达国家，国家信用已不单纯是取得财政收入的手段，而且已成为调节经济运行的重要经济杠杆。

随着经济全球化的发展，国家信用甚至从国内发展到了国外，即一国政府以国家名义向另一国政府或私人企业、个人借债以及在国际金融市场上发行政府债券，它既成为弥补一国财政赤字的手段，也成为调节国际收支、调节对外贸易的有力杠杆。这种国家信用主要不是用于弥补经常性财政收支出现的赤字，而是聚集资金用于经济建设的手段。特别是对国外发行政府债券，一方面可以弥补国内建设资金的不足，另一方面也可以引进国外先进技术，扩大对外贸易，调节国际收支。

国家信用的财务基础是国家将来偿还债务的能力，这种偿债能力源于属于国家（全体人民）的财务资源，它的现金流来源于三个方面：国家的税收收入、政府有偿转让国有资产（包括土地）获得的收入以及国家发行货币的专享权力。如果国家的偿债能力出现了问题，国内的经济状况势必会非常严峻。因此，国家信用应当由国家的法律予以保障。

那么，国家信用的基本形式都有哪些呢？

1．公债，这是一种长期负债，一般在 1 年以上甚至 10 年或 10

年以上，通常用于国家大型项目投资或较大规模的建设，在发行公债时并不注明具体用途和投资项目。

2．国库券，这是种短期负债，以1年以下居多，一般为1个月、3个月、6个月等。

3．专项债券，这是一种指明用途的债券，如中国发行的国家重点建设债券等。

4．财政透支或借款，在公债券、国库券、专项债券仍不能弥补财政赤字时，余下的赤字即向银行透支和借款。透支一般是临时性的，有的在年度内偿还。借款一般期限较长，一般隔年财政收入大于支出时（包括发行公债收入）才能偿还。有的国家（如中国）只将财政向银行透支和借款算为财政赤字，而发行国库券和专项债券则作为财政收入而不在赤字中标示。

国家信用是一种特殊资源，政府享有支配此种资源的特权，政府利用国家信用负债获得的资金主要用于加快公共基础设的建设，以及为保障经济社会顺利发展并促进社会公平的重要事项，向社会公众提供更多的公共物品服务，并实现社会的和谐与安宁。

商业信用——口碑不好，谁还与你做生意

古人说："人无信不立。"做人如此，做企业更要如此。商业信用是企业的灵魂，一个没有信用的企业生存都很困难，更别提发展壮大了。在古老的贸易之国荷兰，流传着这样一个关于信用的故事。

1596年，荷兰的一个名为巴伦支的船长带着17名水手帮别人运

送货物，但在途中被冰封的海面困在了北极圈的一个地方。巴伦支船长和水手们在这里度过了8个月的漫长冬季。他们拆掉了船上的甲板做燃料，以便在零下40摄氏度的严寒中保持体温；他们靠打猎获取勉强维持生存的衣服和食物。在这样恶劣的险境中，8个人死去了。但荷兰商人却做了一件令人难以想象的事情，他们丝毫未动别人委托给他们运输的货物，这些货物中就有可以挽救他们生命的衣物和药品。冬去春来，幸存的商人终于把货物几乎完好无损地带回荷兰，送到委托人手中。

当时的船长和水手有充分的理由权变，他们可以先打开托运箱，把能吃的东西吃了，等到了目的地，再加倍偿还托运者。相信在当时的情况下，任何人都会同意这种人道的做法。但是，船长和水手们并没有这样做。因为他们把商业信用看得比自已的生命更重要。他们用生命作代价，守住了信用，创造了传之后世的经商法则。

在当时，荷兰只是个100多万人口的小国，但却因为遵循着这一经商法则——商业信用，使得荷兰人商誉卓著，成为享誉世界的“海上马车夫”。

商业信用是社会信用体系中最重要的一个组成部分，由于它具有很大的外在性，因此，在一定程度上它影响着其他信用的发展。从历史的维度而言，中国传统的信用，本质上是一种道德观念，包括两个部分，一个部分为自给自足的以身份为基础的熟人社会的私人信用，一个部分为相互依赖的契约社会的商业信用。

说的再具体一点，商业信用主要有以下三种形式：

1．商业信用是企业在正常的经营活动和商品交易中，由于延期付款或预收账款所形成的企业常见的信贷关系。

2．商业信用是在商品销售过程中，一个企业授予另一个企业的信用。如原材料生产厂商授予产品生产企业，或产品生产企业授予产品批发商，产品批发商授予零售企业的信用。

3．商业信用是指工商企业之间相互提供的，与商品交易直接相联系的信用形式。包括企业之间以赊销分期付款等形式提供的信用，以及在商品交易的基础上以预付定金等形式提供的信用。

一句话，商业信用关系到我们日常商业生活的方方面面。

从本质上而言，商业信用是基于主观上的诚实和客观上对承诺的兑现而产生的商业信赖和好评。主观上的诚实，是指在商业活动中，交易双方在主观心理上诚实善意，没有其他欺诈意图和目的，秉承公平交易的理念；客观上对承诺的兑现，是指商业主体应当对自己在交易中向对方作出的有效意思表示负责，应当使之实际兑现。商业信用是主客观的统一，是商业主体在商业活动中主观意思和客观行为一致性的体现。

商业信用在加强企业之间的经济联系、加速资金的循环与周转、促进社会再生产的顺利进行等方面都起着非常重要的作用：

1．融通资金，促进生产发展

工商企业间所提供的商业信用，实质是生产经营企业向生产消费企业提供的一种便利而又快捷的融资服务，以低成本的方式缓解了生产消费企业对流动资金的需求，维持了企业连续不断的生产过程，从而促进了生产的发展。

2．减少存货，增加销售收入

企业间提供的商业信用，既满足了一方生产经营需要，也有利于对自身资产的充分利用，同时还减少了库存压力，降低了存货风险和仓储费用，加快了存货的流通速度和资金周转，提前确认了企业的销售收入，增加了企业的效益。

3．促进销售，扩大市场份额

现代经济是以满足市场和用户需求而进行的生产与交换。市场除了有对商品（或劳务）数量、质量和价格方面的需求，还有对服务的需求，而提供商业信用正是满足市场需求的一项重要内容。工商企业通过提供商业信用，有利于缓解资金困难状况，维持生产循环，保持业务联系，从而使自身的产品拥有较高的市场占有比率。在经济活动中，保持商业信用一直被认为是企业间互利互惠的双赢之举。

4．操作灵活，信用规模适度

商业信用的操作更为简单灵活，信用双方一般依购销合同约定条件，如延期付款、分期付款等，合同生效的同时信用随之产生。即使是商业承兑汇票，其手续也比银行承兑汇票或银行贷款简便。一般情况下，企业一方提供的信用规模和另一方的采购资金需求量是一致的，不会造成过度采购而引起的存货积压和浪费。

商业信用是企业之间的润滑剂，能够促进生产和产品的流通，是其他信用形式无法替代的。在银行信用迅速发展的当今社会，商业信用作为信用体系的基础仍然发挥着极其重要的作用。但同时，商业信用也有一定的局限性：

1．商业信用的规模受限于赊销规模。信用方向单一，局限于有购销业务的工商企业之间，且信用期限短，较难满足企业长期生产周转的需要。

2．商业信用的存在可能产生一种虚假繁荣的市场需求，误导投资，又进一步推进了经济的虚假繁荣，若控制不当容易诱发金融危机甚至引起经济危机。

3．企业间因失信违约引起的账款拖欠问题十分严重。据中国企业家调查系统《中国企业信用状况》统计指出，中国企业的信用状况“仍存在许多不容忽视的问题，尤其是拖欠货款（贷款、税款）、违约和制售假冒伪劣产品等现象更为严重”。

民间信用——关键时刻作用大，风险也大

民间信用，又称民间借贷。西方国家指国家信用之外的一切信用形式，包括商业信用和银行信用。中华人民共和国《银行管理暂行条例》规定个人不得经营金融业务。因此，在中国，民间信用泛指非金融机构的自然人、企业及其他经济主体之间以货币资金为标的价值让渡及本息还付。

民间信用是一种古老的信用形式，主要是适应个人之间为解决生活或生产的临时需要而产生的。在我国，这种信用形式一直存在。新中国成立以后的 30 年中，由于个人收入水平很低，无多余资金可供借贷，借入信贷也无力偿还，另外，个人无需进行生产经营投资，无大量借贷的必要，因此民间信用规模范围很小，呈萎缩状态。1979 年改革开放以来，随着经济的发展，个人收入逐渐增多，除日常生活开支外，节余和积累逐渐增加，同时借贷偿还能力也有所增强，这就为民间信用的发展创造了基础条件。

随着个人和家庭生活的改善与不断提高，个人和家庭生产经营

的开展，生活开支和投资需要增加，个人之间的融资融物也有客观需要，于是民间借贷逐渐发展起来。

民间借贷主要发生在农村。主要原因是：（1）农民个人资金闲置和资金需求随着商品经济的发展迅速增长，这在客观上要求在农户之间或农村重点户、专业户和其他人员之间互相调剂资金余缺。（2）国家银行信用和信用合作社信用不能完全满足个人对资金的需求。一方面是由于国家银行和信用合作社的资金有限，经营方式、经营作风和经营能力等与农民对资金的需要不相适应；另一方面国家银行和信用合作社对于贷款有比较严格的限制，许多个人的资金需求与国家政策和贷款原则的要求不符。

民间信用在方式上比较灵活、简便，可随时调节个人之间的资金余缺，能在一定范围内弥补银行信用的不足，主要存在形式包括：直接货币借贷；通过中介人进行的货币借贷；以实物做抵押取得借款的“典当”等。

目前，中国的民间信用与历史上的民间借贷比较，具有如下特点：（1）规模范围扩大。借贷范围从本村本乡发展到跨乡、跨县甚至跨省；交易额从几十元、几百元发展到几千元甚至上万元；借贷双方关系从亲朋好友发展到非亲非故，只要信用可靠，即可发生借贷关系；借贷期限从春借秋还或 2 ~ 3 个月，发展到长达 1 ~ 2 年，最长 5 ~ 10 年。（2）借贷方式由繁到简。从借钱还物、借物还钱、借物还物、借钱还钱发展到以货币借贷为主。（3）借款用途从解决温饱等生活费用，发展到以解决生产经营不足为主，主要用于购买生产资料、运输工具、扩大再生产。

民间信用毕竟是一种自发的、盲目的、分散的信用活动，是一种较为落后的信用形式，因此，在充分发挥民间信用积极作用的同时，也应防止其消极的一面：(1) 风险大，具有为追求高盈利而冒险，投机的盲目性；(2) 利率高，有干扰银行和信用社正常信用活动、扰乱资金市场的可能性；(3) 借贷手续不严，容易发生违约，造成经济纠纷，影响社会安定。

鉴于民间信用具有消极作用，这就要求在承认并利用其积极作用的同时，对其信用活动适当地加以管理，采取积极措施，加以引导，使其逐步合法化、规范化。据悉，自从监管层于 2008 年发布《关于民间借贷公司的指导意见》以来，民间借贷公司正式被纳入监管，主要由工商部门监管执行，随后民间借贷公司数量便迅速增长，并在为广大中小企业提供融资贷款方面发挥了一定的积极作用。

1. 通过民间资金的调剂，进一步发挥分散在个人手中资金的作用，加速资金运转，促进国民经济进一步繁荣。

2. 民间信用一般是在国家银行信用和信用社信用涉足不到和力不能及的领域发展起来的，特别是在个体商业、手工业、旅游和运输等行业，可起到拾遗补缺的作用。

总之，民间信用是为解决经济主体的生产、经营、投资、生活等各方面的资金需求而产生的一种信用形式，商业信用与银行信用的补充。但是，由于现阶段各种相关制度和法律法规不完善，客观上加大了民间融资行为的金融风险和金融欺诈的可能，因此民间信用的风险很大，在发生民间信用行为时一定要慎重。

消费信用——纠结，到底该不该超前消费

消费信用是指工商企业、银行和其他金融机构提供给消费者用于消费支出的信用，即消费者利用自己的信用进行超前消费。

消费信用分为消费贷款、分期付款和赊销三种方式。

1. 消费贷款

消费贷款是指银行及其他金融机构采用信用放款或抵押放款方式，对消费者发放贷款，按规定期限偿还本息，属长期消费信用。按照接受贷款对象不同，消费贷款可分为卖方信贷和买方信贷两种方式。卖方信贷，是以分期付款单作抵押，对销售消费品的工商企业、公司等发放贷款，或由银行同以信用方式出售消费品的企业签订合同，将货款直接付给企业，再由购买者逐步偿还银行贷款；买方信贷，是对购买消费品的消费者直接发放贷款。

2. 分期付款

分期付款是指购买消费品或取得劳务时，消费者只支付一部分货款，然后按合同分期加息支付其余货款，这种方式多用于高档耐用消费品如房屋、汽车等，属于中长期消费信用。

3. 赊销

赊销是工商企业对消费者提供的短期信用，即延期付款方式销售，到期一次付清货款。在西方国家，对一般消费信用多采用信用卡方式，即由银行或其他金融机构发给客户信用卡，消费者可凭卡在约定单位购买商品或作其他支付，有的还可以向发卡银行或其代理行透支小额现金。工商企业、公司、旅馆等每天营业终了时向发

卡机构索偿款项，发卡机构与持卡人定期结算清偿。

随着消费水平的提高，消费结构中满足生存需要的消费所占比重降低，满足发展和享受需要的消费所占比重提高，对耐用消费品的需求提高。高档耐用消费品通常价值较高，使用年限较长，完全依靠家庭和个人的资金来满足对这类消费品的需求，一般需要较长时间的积累，客观上要求通过消费信用来提前满足其消费需要。

28 岁的李琳在上海一家投资管理公司工作。刚工作两年的她虽然只有 5 万元的存款，但她却毫不犹豫地买下了上海某房产公司开发的一套价值 100 万元的公寓。

李琳乐观地说："这套房子的首付款要 20 万元，我自己的存款虽然不够，但父母会给我提供一些'财政援助'。剩下的，我会申请房屋按揭贷款。如果按照 25 年还本付息计算，每月还款大约在 5000 元。我现在每个月可以挣 1 万元，以后还会越来越好，所以还款不会出现问题。"

李琳只是中国众多大胆"超前消费"年轻人中的一个。随着中国经济以接近十个百分点的持续快速增长，中国青年消费预期普遍提前，越来越多的年轻人敢于"花明天的钱享受今天的生活"。

有的人非常赞成这种超前消费，奉行"过把瘾就死"、"及时行乐"的生活方式。的确，对于个人来讲，超前消费不仅可以帮助我们购买超出目前购买能力的消费品，改善生活状况，还可以将挣钱还贷的压力转换成自己的动力。但是，超前消费也带来了一些弊端，比如有的人因渴望过"富足"的生活而超前消费，结果却背了一身债务，加大了个人生活压力。

有一个大家耳熟能详的故事：

一个中国老太太和一个美国老太太在天堂相遇。中国老太太说："我攒了30年的钱，晚年终于买了一套大房子。"美国老太太说："我住了30年的大房子，临终前终于还清了全部贷款。"从这个故事中可以看出：中美消费观念的差异很大，而且，在相当一段时间内，美国的借贷消费被认为比中国的消费观念先进。

曾几何时，这个故事在中国民间流传，并刺激了中国借钱消费。如今，正是一个个没有能力偿还月供的美国人，亲手制造了一次震惊世界的次贷危机。

美国人的超前消费行为"榜上有名"，买房子贷款、上大学贷款、买汽车贷款、买台电脑贷款，甚至还有贷款结婚、贷款旅游、贷款办生日派对等。在美国，贷款消费无处不在，没有使用过贷款消费的美国人几乎不存在。

在经济繁荣时期，贷款超前消费确实有其好处，一方面，消费者可以通过贷款提前享受自己所期望的生活；另一方面，它又可以刺激消费，从而刺激经济增长。消费者一般也能通过固定收入来还贷，因为经济增长了，消费者的收入增加，偿还贷款也不成问题了。在这种情况下，鉴于房子在生活中的重大意义，追求"美国梦"的人一般都会首先选择贷款购房，这是"美国梦"的一项重要标志，也是超前消费的典型对象。

然而在经济萧条时期，这种超前消费的负面影响就凸显出来，还不起贷款的人因房子被收回而露宿街头；银行则因收回的房子滞销而出现危机，甚至倒闭。金融机构的倒闭让本来想买房的人无法贷款，甚至贷款时心有余悸，进而导致楼市更加不景气，由此形成恶性循环。

总之，超前消费与量入为出相当于攻与守、进与退的对立统一，鼓吹超前消费或者抵制超前消费都是有失偏颇的，物极必反，二者必先调和，否则后果不堪设想。

信用评级——绝对不可以违反“游戏规则”

先看两个小故事：

1997 年亚洲金融危机期间，美国总统克林顿的政治顾问卡维尔曾经公开宣称：“过去我总以为，如果能转世的话，下一次我将选择做总统、教皇或棒球打击王。但是现在我觉得，下一辈子，我要操作债券。身在债券市场，你可以任意威吓他人。当然，如果能够像评级机构主管那样，对债券价格颐指气使，就更神气了。”

1996 年，全球著名咨询公司麦肯锡出版了一项长期研究成果《无疆界市场》，核心思想是“全球资本市场对主权国家政府的牵制越来越多，而主权国家对资本市场的控制力却日渐削弱。”该书宣告：谁掌控全球资本市场的定价权，谁就掌控了全球资金的流向，就掌控了主权国家的货币政策和金融政策，就掌控了主权国家兴衰成败的命脉。试问：当今世界，谁掌控着全球债券市场和资本市场的定价权呢？答案就是：以穆迪、标准普尔为代表的美国信用评级机构。

对于信用评级业，很多人知之甚少。信用评级业为什么这么霸道？它到底在国家经济和金融服务体系中有什么特殊作用？

信用评级又称资信评级，是一种社会中介服务，为社会提供资信信息，或为单位自身提供决策参考。信用评级的目的是显示受评对象违约风险的大小。

信用评级最初产生于20世纪初期的美国。1902年，穆迪公司的创始人约翰·穆迪开始对当时发行的铁路债券进行评级，后来延伸到各种金融产品及各种评估对象。

具体地来说，信用评级按照评估对象可分为企业信用评级、证券信用评级、国家主权信用评级和项目信用评级四类：

1．企业信用评级。几乎囊括了所有和我们生活密切相关的企业，包括工业、商业、外贸、交通、建筑、房地产、旅游等公司企业和企业集团的信用评级以及商业银行、保险公司、信托投资公司、证券公司等各类金融组织的信用评级。关于这些企业的偿债能力、盈利能力及安全性评估是重中之重。

2．证券信用评级。主要包括长期债券、短期融资券、优先股、基金、各种商业票据等的信用评级。其中最重要的是债券信用评级，在我国已经形成制度，国家已有明文规定，企业发行债券要向认可的债券评信机构申请信用等级。关于股票评级，除优先股外，国内外都不主张对普通股票发行前进行评级，但对普通股票发行后上市公司的业绩评级，即对上市公司经营业绩综合排序，大家都持肯定态度，而且有些评估公司已经编印成册，公开出版。

3．国家主权信用评级。国际上流行国家主权评级，体现一国偿债意愿和能力，主权评级内容很广，除了要对一个国家国内生产总值增长趋势、对外贸易、国际收支情况、外汇储备、外债总量及结构、财政收支、政策实施等影响国家偿还能力的因素进行分析外，还要对金融体制改革、国企改革、社会保障体制改革所造成的财政负担进行分析，最后进行评级。根据国际惯例，国家主权等级列为该国境内单位发行外币债券的评级上限，不得超过国家主权等级。

4．其他信用评级如项目信用评级，即对其一特定项目进行的信用评级。

目前国际公认的专业信用评级机构只有三家，分别是穆迪、标准普尔和惠誉国际。国内有影响力的评级机构主要是大公、中诚信和联合三家机构。

信用越是高度社会化，信用风险的成因就越复杂，债权人就越难独自识别债务人的信用风险，所以，必须依赖专门从事信用风险研究的机构对债务人进行信用评级。可以说，信用评级是现代社会信用体系存在和发展的基础，也正是因为这样，信用评级在国家和世界金融体系中发挥着越来越重要的作用。

1．揭示风险，保护投资者利益

在现代经济中，企业融资和各种金融工具不断增多。对于一般的投资者而言，由于信息的不对称，他们承担着极大的投资风险，而企业的信用评级可以为投资者简单而客观地提供投资对象有关债务偿还的风险情报，使投资者免遭由于情报不足而蒙受的损失；降低投资者寻求风险情报的信息成本；企业信用评级也是证券定价、风险与报酬的评估参考、证券投资组合风险控制与管理的参考，同时也为金融机构贷款、资金往来与交易决策及内部信用评价提供参考。

2．信用评级关乎国家和世界金融体系安全

现代金融体系的安全运行离不开信用评级信息的支持，信用评级对金融体系的影响是最直接的。信用评级不仅直接决定债券市场的交易价格，而且影响着使用评级信息交易的金融主体和投资人。

现代通讯技术可以使全球信用网络在几秒钟内完成评级信息在世界金融体系的传播。

3. 信用评级话语权直接影响国家金融体系安全

信用评级是国家金融体系的重要组成部分，是国家金融体系安全的战略制高点，掌握了信用评级话语权就控制了一国金融体系运行的关键。2007年的国际金融危机也证明，信用评级关系国家经济金融安全，信用评级拥有摧毁一个国家金融体系的巨大能量。从这个意义上讲，信用评级是国家金融主权的重要组成部分。

信用评级机构承担着维护国家和世界金融体系安全的重大职责，是公众化程度最高的专业服务机构，唯有按照评级业发展规律制定监管规则，进行科学管理，才能使评级机构更好地履行其所承载的社会责任，同时也才能更好地保护个人投资者的利益。

第三章　利率——金融市场的晴雨表

利息——剩余价值的特殊转化形式

利息是金融学中一个非常重要的概念，也许读者们对此并不陌生，但很难保证会对银行利息究竟是怎样产生的、究竟说明什么等问题有一个正确认识。因为任何一种观念的形成，都有它的历史局限性。

利息是指资金所有者把资金借给国家而取得的报酬，它来自生产者使用该笔资金发挥营运职能而形成的利润的一部分，是指货币资金在向实体经济部门注入并回流时所带来的增值额。其计算公式为：

利息 = 本金 × 利率 × 时间

利息出现的原因主要有以下五点：

第一，延迟消费。当放款人把金钱借出，就等于延迟了对消费品的消费。根据时间偏好原则，消费者会偏好现时的商品多于未来的商品，因此在自由市场会出现正利率。

第二，预期的通胀。大部分经济会出现通货膨胀，代表一个数量的金钱，在未来可购买的商品会比现在少，因此，借款人需向放款人补偿此段期间的损失。

第三，代替性投资。放款人有选择地把金钱放在其他投资上。由于机会成本，放款人把金钱借出，等于放弃了其他投资的可能回报。借款人需与其他投资竞争这笔资金。

第四，投资风险。借款人随时有破产、潜逃或欠债不还的风险，放款人需收取额外的金钱，以保证在出现这些情况后，仍可获得补偿。

第五，流动性偏好。人会偏好其资金或资源可随时立即交易，而不是需要时间或金钱才可取回。

现实生活中，贷款人把收取利息收入看作是理所当然。在会计核算中，全球各国的会计制度都规定，借款所发生的利息支出首先要作为财务费用列入成本，只有在扣除这一部分后，剩下的部分才能作为经营利润来看待。

利率是利息率的简称，指在一定时期内利息与本金的比率。

利率有许多种分类方法，具体如下：

1. 根据计算方法不同，分为单利和复利

单利是指在借贷期限内，只在原来的本金上计算利息，对本金所产生的利息不再另外计算利息。复利是指在借贷期限内，除了在原来本金上计算利息外，还要把本金所产生的利息重新计入本金、重复计算利息，俗称“利滚利”。

与单利相比，复利更重视时间因素所起的作用，也更能反映信贷关系的本质，更好地体现信贷资金占用时间越长利息越多的原则。当然，复利的计算过程也要复杂得多。

2．根据与通货膨胀的关系，分为名义利率和实际利率

名义利率是指没有剔除通货膨胀因素的利率，也就是借款合同或单据上标明的利率。实际利率是指已经剔除通货膨胀因素后的利率。

例如，如果一年期贷款利率为5.5%，当年的通货膨胀率为4.5%，那么该贷款的名义利率就是5.5%，实际利率是1%。

3．根据确定方式不同，分为官定利率、公定利率和市场利率

官定利率是指由政府金融管理部门或者中央银行确定的利率。公定利率是指由金融机构或银行业协会按照协商办法确定的利率，这种利率标准只适合于参加该协会的金融机构，对其他机构不具约束力，利率标准也通常介于官定利率和市场利率之间。市场利率是指根据市场资金借贷关系紧张程度所确定的利率。在我国，目前的利率标准基本上是官定利率。

4．根据利率变化情况不同，分为固定利率和浮动利率

固定利率是指在整个借贷期限内利率是固定不变的，通常适用于借贷期限不长或者预期未来市场利率变化不大的情况下。

浮动利率是指在整个借贷期限内要随着市场行情变化定期进行调整的利率，通常适用于借贷期限较长或者预期未来市场利率变化较大的情况下。这时候的利息计算虽然不确定，而且比较复杂，但由于更切合实际，所以有助于降低双方的利率风险。

5．根据国家政策意向不同，分为一般利率和优惠利率

一般利率是指在不享受任何优惠条件下的利率。优惠利率是指对某些部门、行业、个人所制定的利率优惠政策。

在西方国家，商业银行通常对那些资信最高、处于有利竞争地位的企业实行优惠利率；而在我国，通常是对某些重点行业和领域

实行优惠利率，如个人商业性住房贷款就全都实行优惠利率。

6．根据银行业务要求不同，分为存款利率、贷款利率

存款利率是指在金融机构存款所获得的利息与本金的比率。贷款利率是指从金融机构贷款所支付的利息与本金的比率。

无论从哪个角度来看，存款人取得存款利息、贷款人付出贷款利息只要在适度范围内就不但应该是合理的，而且应当是合法的。例如，银行发放贷款所取得的利息在扣除接受存款支付的利息后，就构成了银行利润的主要来源。可是也应当承认，如果这种利率水平太高，变成了“高利贷”，这就是法律所禁止的了。

利息是剩余价值的特殊转化形式，它的最高水平是利润。利息作为资金的使用价格在市场经济运行中起着十分重要的作用，并影响着个人、企业和政府的行为活动。

1．影响企业行为的功能

利息作为企业的资金占用成本已直接影响企业经济效益水平的高低。企业为降低成本、增进效益，就要千方百计减少资金占压量，同时在筹资过程中对各种资金筹集方式进行成本比较。全社会的企业若将利息支出的节约作为一种普遍的行为模式，那么，经济成长的效率也肯定会提高。

2．影响居民资产选择行为的功能

在中国居民实际收入水平不断提高、储蓄比率日益加大的条件下，出现了资产选择行为，金融工具的增多为居民的资产选择行为提供了客观基础，而利息收入则是居民资产选择行为的主要诱因。居民部门重视利息收入并自发地产生资产选择行为，无论对宏观经济调控还是对微观基础的重新构造都产生了不容忽视的影响。从中国目前的情况看，高储蓄率已成为中国经济的一大特征，这为经济高速增长提供了坚实的资金基础，而居民在利息收入诱因下做出的种种资产选择行为又为实现各项宏观调控做出了贡献。

3．影响政府行为的功能

由于利息收入与全社会的赤字部门和盈余部门的经济利益息息相关，因此，政府也能将其作为重要的经济杠杆对经济运行实施调节。例如，中央银行若采取降低利率的措施，货币就会更多地流向资本市场，当提高利率时，货币就会从资本市场流出。如果政府用信用手段筹集资金，可以用高于银行同期限存款利率来发行国债，将民间的货币资金吸收到政府手中，用于各项财政支出。

利率调整——格林斯潘的“魔棒”

1987 年 10 月 19 日，这一天对于华尔街的投资者来说是“黑色的星期一”，道琼斯指数在三个小时之内暴跌 22.6%，六个半小时后股票市值缩水 5000 多亿美元，38 名富豪当天告别了《福布斯》富豪榜，亿万富翁亚瑟·凯恩在绝望中饮弹自尽。这一天，艾伦·格林斯潘就任美联储主席刚满两个月。第二天早上，格林斯潘立刻采取行动，宣布降低联邦基金利率，随后，市场长期利率也随之下降。此后经过数个月的调整，华尔街的投资者们逐步获得了金钱和信心，美国经济水平平稳地渡过了一场经济泡沫破裂的浩劫。此后十八年里，格林斯潘把利率变成了一根神奇的“魔棒”，根据经济运行情况，适时地调整利率，美国经济因此数次化险为夷，创造了连续八年低通胀、高增长、高就业的神话。

利率为什么会具有如此神奇的魔力呢？这是因为利率是资金实用的价格，利率的涨跌关系着居民、企业、政府各方的钱袋子，它是调节宏观经济运行的重要杠杆。

近年来，我国银行利率调整步伐十分频繁，这在许多人看来不可思议，其实这是利率调整必须尊重的客观经济规律，其主要应当考虑两个方面：一是究竟要达到什么目的；二是调整的依据何在。

从利率调整的目的来看，主要是解决以下几方面的问题：

1．调节社会资金总供求关系

在其他条件不变的情况下，调高银行利率有助于吸引闲散资金存入银行，从而推迟社会消费品购买力的实现，减少社会总需求。与此同时，银行利率的提高也会增加企业贷款成本，抑制商品销售，减少企业盈利。所以，当出现社会资金总需求大于总供给引发通货膨胀时，银行会采取提高利率来进行干预。调低银行利率的作用恰恰相反。

2．优化社会产业结构

政府通过对需要扶持、优先发展的行业实行优惠利率政策，能够很好地从资金面来支持其发展；相反，对需要限制发展的行业或企业，则可以通过适当提高银行利率的方式来提高其投入成本。两者相结合，就能很好地调节社会资源，实现产业结构优化配置。

3．调节货币供应量

当全社会的货币供应量超过需求量时会引发通货膨胀，导致物价上涨。所以，政府可以通过调整银行利率来调节货币供应量。这主要是通过提高利率来减少信贷规模与货币投放，以达到压缩通货膨胀、稳定物价的目的。

4．促使企业提高经济效益

银行通过提高利率水平，会间接地迫使企业不断提高企业管理水平、加强经济核算、努力降低利息负担，从而促进了企业和全社会经济效益的提高。如果企业认识不到这一点，或者根本做不到这一点，一旦整个企业的资金使用效益还够不上银行利息，或者贷款到期时无法正常归还贷款，就可能会被迫关门。

5．调节居民储蓄

银行通过提高利率水平，可以吸引居民把闲余资金存入银行，减少社会货币总量，抑制通货膨胀。通过降低利率水平，可以驱使储蓄从银行转入消费、投资领域。而在这个过程中，利率的调整就会对居民储蓄结构产生实质性影响，调节实物购买、股票投资比重。

6．调节国际收支

银行通过调整利率水平，不但会在国内金融市场产生影响，而且还会在国际金融市场产生联动作用，调节国际收支。具体地说，如果国内利率水平高于国际水平，就会吸引国外资本向国内流动，从而导致国际收入大于国际支出。反之亦然。

利率调整其实就是国家宏观调控的一种手段，目的就是要保持国际收支基本平衡，至少是不能大起大落，否则会影响国家金融安全。这一目的的实现，必须把众多复杂的因素考虑其中。

1．社会平均利润率

在金融学上，利息是利润的一部分。所以银行在调整利率时，必然会关注社会平均利润率的高低，既不会因为少数企业的利润率偏低就降低利率，也不会因为少数企业的利润率偏高而提高利率。

总的来说，社会平均利润率越高，利率水平也会相应提高，否则就无法正确反映利率的杠杆作用；社会平均利润率越低，利率水平也要相应降低，否则大多数企业会承受不了这样的高利率水平。利率水平最高不可能高于社会平均利润率，但最低也不能低于零。

2．资金供应状况

利率作为资本的价格，与普通商品一样，它的价格调整必定会受到货币供求状况影响。市场经济越成熟，资金供应状况对利率调整的影响作用就越大，利率调整对资金供应状况的调节作用也就越大。

总的来看，当资金供应不足时，利率水平会上升；当资金供大于求时，利率水平会下降。一方面，资金供应状况会促使银行调整利率；另一方面，利率水平的调整也会改善资金供应状况，两者是相辅相成的。

3．国家经济政策

利率水平是国家经济政策干预社会经济生活的重要方面。国家经济政策尤其是中央银行的货币政策，与银行利率政策的方向是相一致的、效应也是一致的。毫无疑问，国家在某个时期内制定的经济发展战略、速度、方向，都会客观决定资金需求状况、资金流向。

4．银行成本

利率包括存款利率和贷款利率两类。贷款利率与存款利率的差额大小，直接决定了银行盈利水平高低。所以在调整利率水平时，必然会考虑银行成本高低，看银行是否承受得了。银行支付的存款利息必然要从贷款利息中抽取，除此之外，其他业务的费用和银行的盈利都要从贷款利息里抽出部分，否则银行就无法正常运作。所以，银行贷款利率必然会高于存款利率，两者之间需要一个合理的利差。

5．物价水平

一般，贷款利率要高于存款利率，否则国家就无法回笼社会资金。但是，利率更应该高于通货膨胀。倘若贷款利率低于通货膨胀了，那么银行就要遭受本金损失，贷出去的款越多亏损越大，正常业务难以为继。相反，贷款企业却可以因此减轻债务负担，并且从贷款利率与通货膨胀率之差中获得额外收益，诱导企业千方百计扩大贷款数额，从而加剧资金供应紧张局面。

6．国际利率水平

银行利率调整还必须考虑国际利率水平高低。如果国内的银行利率高于国际水平，国外资本就会大量涌入，导致银行体系流动性增强，银行利率下降；相反，如果国内银行利率低于国际水平，资本就会流至国外，减少银行体系的流动性，促使银行利率上升。

总之，利率调整应尊重价值规律，要对市场起到良好的导向作用，主要在调节社会资金总供求关系、调节货币供应量等重要方面考虑，最终达到稳定金融市场的目的。

利率不断调整的原因——利率市场化

利率市场化，是指利率的数量结构、期限结构、风险结构都由交易双方自主确定，中央银行只是通过调控基准利率来间接影响市场利率，而市场利率又是金融机构调节利率水平的“风向标”，所以说，国家可以间接地实现调整货币政策的目标。利率市场化是价值规律的结果。

从全球范围来看，无论发达国家还是发展中国家，过去都认为国家一定要掌握着经济命脉，利率一定要实行严格的管制。但是，随着时代的进步与发展，尤其是金融工具的变化多端、层出不穷，利率管制也越来越“不听话”，不但不顺应市场的需求，甚至还阻碍经济发展。于是，利率市场化的端倪就渐渐显露了出来。而有些国家也发现了这种细小的变动，并看到这一变动的良好反应，便放松利率管制。金融机构从此开始逐步挣脱利率管制的束缚。

到了 20 世纪七八十年代，国际金融市场上利率市场化已成大势所趋。譬如，在英国、德国、法国等欧洲国家，于 20 世纪 70 年代就已经完成了存贷款利率市场化进程。美国于 1986 年开始阶段性地取消存款利率上限，并且在 1986 年 1 月取消了定期储蓄存款利率上限，成功地实现了利率市场化。同时，加拿大、法国、德国等欧美国家也完成了利率市场化。1994 年 10 月，日本也基本取消了贷款、存款利率限制，完成了利率市场化。

鉴于此，我国也逐步迈出了利率市场化的步伐，从 1996 年的放开银行之间的拆借市场利率和国债的市场利率，到 2000 年的放开外币贷款利率，再到 2004 年放开商业银行贷款利率上限和存款利率上限，最后到 2005 年实现大幅度降低超额准备金利率，可以说，我国真正完全放开了对金融机构存款利率的限制。

利率是一个重要的经济变量，几乎所有的金融现象、金融资产均与利率有着或多或少的联系。利率的高低，能反映一国宏观经济运行的基本状况，利率的变动，又将影响所有宏观经济变量，如国民生产总值、物价水平、就业水平、国际收支、经济增长率、消费与投资等。显然，利率作为重要的经济杠杆，对宏观经济运行与微观经济活动都有着极其重要的调节作用。当经济过热或有通货膨胀时，各国中央银行便提高利率、收紧信贷；当经济过热的势头和通货膨胀得到控制时，各国中央银行便会把利率适当地调低。当前，各国中央银行十分重视并频繁运用利率杠杆的调节作用，依据宏观经济目标和要求，调节货币供求，实施宏观调控。利率政策在各国中央银行货币政策中的地位越来越重要。现在，很多国家都把利率作为宏观经济调控的重要工具之一。

1．通过利率变动改变资金的供求关系

利率水平的变动对资金供给者的让渡行为有重要影响，它对资金供给者持有资金的机会成本大小起决定性作用。当利率提高时，意味着人们借款的成本增加，资金短缺者的负担则越重，他们的借款需求会受到一定的制约。股市、楼市对资金的需求较大，因而对利率的变动十分敏感。利率上调对股市、楼市往往是利空因素，通常情况下是市场发生波动的重大因素。

2．通过利率调节影响宏观经济的走向

居民的全部收入可分为消费和储蓄两个部分，即储蓄＝收入－消费。

在收入水平一定的情况下，储蓄的多少取决于消费倾向。假如居民的消费倾向高，则新增收入中用于消费的部分大，储蓄就少。居民的消费倾向除了与目前的收入水平、未来的收入预期、物价水平及消费观念等有关外，还受利率水平的影响。当利率上升时，会抑制人们的消费欲望。从厂商投资来看，投资代表着社会资金需要。提高利率会使厂商投资成本增加。在经济萧条时期，降低利率，可以扩大货币供应，刺激经济发展。在经济发展过热时期，提高利率，可以减少货币供应，抑制经济过快发展。从宏观角度来看，当利率水平提高时，一方面减少消费、增加储蓄，使社会资金供给扩大，从而有可能使社会产出扩大；另一方面又可能使投资受到抑制，从而使社会产出减少。

3．通过利率变动改变一国的国际收支状况

当一个国家紧缩信贷、上调利率时，在国际市场上形成利率差异，这将引起短期资金在国际移动。资本一般总是从利率低的国家流向利率高的国家。这样，如果一国的利率水平高于其他国家，就会吸引大量的资本流入，本国资金流出减少，导致国际市场上抢购这种货币；同时资本账户收支得到改善，本国货币汇价得到提高。反之，如果一国松动信贷，利率下降，导致利率水平低于其他国家，则会造成资本大量流出，外国资本流入减少，资本账户收支恶化，同时外汇交易市场上就会抛售这种货币，引起其汇率下跌。当一国国际收支发生严重的逆差时，可将本国短期利率提高，以吸引外国的短期资本流入，减少或消除逆差；当发生过大的顺差时，可将本国利率水平调低，以限制外国资本流入，减少或消除顺差。

复利——爱因斯坦的世界第八大奇迹

有人曾经问爱因斯坦："世界上最伟大的力量是什么？"

爱因斯坦回答道："复利！"

爱因斯坦的答案不是原子弹的威力，也不是核武器的威力，反而是复利，甚至还称复利是世界第八大奇迹。听起来，这简直就是天方夜谭，但这却是不争的事实。

关于复利，有一个很古老的故事：

话说在古印度，有一个名叫锡拉的人发明了国际象棋，并将他的得意之作敬献给了国王锡塔。不久，国王便为这种游戏的巧妙玩法和无穷变化所倾倒。高兴之余，他叫人把锡拉找来，对他说："你的发明太神奇了，会给许多人带来乐趣。你知道，我的王国是富有四海的，我想给你一笔巨大的奖赏。说说你想要什么吧。"锡拉恭谨地回答道："尊敬的国王陛下，你知道我是一个穷人，最大的愿望是填饱肚子，所以希望你奖给我一些小麦，使我不至于忍饥挨饿。你看到我设计的这个棋盘吗？它一共有 64 个方格。请你在第 1 个方格中放上 1 粒小麦，第 2 个方格放上 2 粒，第 3 个方格放上 4 粒，第 4 个方格放上 8 粒，以此类推，以后每一个方格放置的小麦都是前一方格小麦数量的 2 倍，直到将棋盘上所有方格都放完应该放的小麦粒为止。"

国王在不察之下，认为这个要求一点也不过分，很痛快地答应了锡拉的要求。后来请数学家一算，国王傻眼了，即使拿出国库里的所有粮食也不够要求的百分之一。因为即使一粒麦子只有一克重，也需要数十万亿吨的麦子。尽管从表面上看，锡拉的起点十分低，从一粒麦子开始，但是经过很多次的乘积，就迅速变成庞大的数字。这就是复利的力量。

所谓复利就是俗称的利滚利、利上加利，指一笔存款或者投资获得回报之后，再将本金带上利息进行新一轮投资的方法。与之相对应的就是单利的概念，单利只根据本金算利，没有利滚利的过程，这两种方式所带来的利益差别一般人很容易忽视。计算公式分别为：

复利 $S = P(1 + i)^n$

单利 $S = P(1 + i^n)$

P 指本金，i 指利率，n 指期限时间。比如说，某人存款 1 万元，每年的利率是 20%，50 年之后的所得为 9100 万元，若是单利的话，50 年的时间只能换得 11 万元。这就是复利和单利的巨大差异。

沃伦·巴菲特认为，长期持有具有竞争优势的企业的股票，将给价值投资者带来巨大的财富，其关键在于投资者未兑现的企业股票收益通过复利产生了巨大的长期增值。

投资具有长期竞争优势的企业，投资者所需要做的就是长期持有，并耐心地等待股价随着企业的发展而上涨。具有持续竞争优势的企业必然有超额价值的创造能力，其内在价值将持续稳定地增加，相应地，其股价也将逐步上升。最终，复利累进的巨大力量，将会为投资者带来巨额财富。

比如，有人在 1914 年以 2700 美元买了 100 股 IBM 公司的股票，并一直持有到 1977 年，则 100 股将增为 72798 股，市值增到 2000 万美元以上，63 年间投资增值了 7407 倍。按复利计算，IBM 公司 63 年间的年均增长率仅为 15.2%，这个看上去平淡无奇的增长率，由于保持了 63 年之久，在时间的帮助下，最终为超长线投资者带来了令人难以置信的财富。

但是，在很多投资者眼里，15.2% 的年收益率实在是微不足道。大家都在持续高烧，痴人说梦：每年翻一倍很轻松——每月 10% 不是梦——每周 5% 太简单……要知道“股神”巴菲特的平均年增长率也只不过是 20% 多一点，但是由于他连续保持了 40 多年，因而当之无愧地戴上了世界股王的桂冠。

数十年坚持20%的年平均投资收益，一般人是难以企及的。但只要进行投资，即使回报率再低也能长期坚持，就有可能创造经济上的奇迹。这就是复利效应。

在复利模式下，一项投资所坚持的时间越长，带来的回报也就越高。在最初一段时间内，得到的回报或许不是特别理想，但只要将这些利润进行再投资，那么资金就会像滚雪球一样，变得越来越大。经过年复一年的积累，你的资金就会攀登上一个新台阶，这时候你已经在新的层次上进行投资了，你每年的资金回报率也已经远远超过了你最初的投资。

从另一方面看，复利的巨大作用也会从投资者的操作水平中体现出来。因为，为了抵御投资风险，实现一年的盈利，投资者必须研究市场信息，积累相关的知识和经验，掌握一定的投资技巧。在这个过程中，需要克服一定的困难，但投资者也会养成一定的思维和行为习惯。在接下来的一年里，投资者过去的知识、经验和习惯会自然地发挥作用，并且又会在原来的基础上使自己有一个提高。如此坚持下来，投资者会越来越善于管理自己的资产，从而进行更熟练的投资，这是在实现个人投资能力的"复利式"增长。而投资理财能力的持续增长，又会使投资者保持甚至提高相应的投资收益率。

可以说，复利是一种以耐力和坚持为核心的思维方式。如果我们能充分地利用复利原则来进行投资的话，那么，这种优厚、诱人的投资回报并非遥不可及。现在小投资，将来大收益，这就是复利的神奇力量。

第四章　汇率——国际经济交往的纽带

汇率——国际经济交往的纽带

一个外星人到地球参观，看到地球上有两棵果树，一棵种在欧洲，一棵种在中国，都结了果子。外星人很眼馋，对地球人说："我要买你们的果子吃。"

地球人说："好，但要先确定你到哪里去买，到中国去买，是1元人民币1个，到欧洲人去买，是用1欧元1个。"

外星人说："那我用1欧元买一个好了。"

地球人说："其实你不用花钱就可以，你先从中国借1个果子，到欧洲去换1欧元，拿1欧元到中国去，就可以换10个果子，拿一个果子还给中国人，你就白得了9个果子，你再拿9个果子再去换9欧元，再到中国去换90个果子，再拿这90个果子再去换90欧元，到中国去换900个果子……这样下去，中国的好东西都被你买光了！"

外星人说：“哪有这样的好事！”

地球人说：“中国有关方面规定 10 元人民币等于 1 欧元，就是规定了中国的 10 个果子等于欧洲的 1 个果子啊！”

这个故事引出了金融学中一个重要的概念——汇率。

由于世界各国货币的名称不同，币值不一，所以一国货币对其他国家的货币要规定一个兑换率，即汇率。汇率亦称“外汇行市”或“汇价”，是一国货币兑换另一国货币的比率，是以一种货币表示另一种货币的价格。

汇率作为国际金融关系乃至国际经济关系正常发展的重要纽带，几乎已渗透到包括经济生活的一切领域，并发挥着日益重要的作用。汇率是比价，更是杠杆和政策工具，汇率不但会影响一国的物价、就业和经济的增长速度，而且还会影响其经济结构的调整和经济增长的质量。随着经济的发展，汇率问题已不再是一个简单的货币理论问题，实质上已演变为一个各利益集团利益博弈的问题。

在国际贸易中，汇率起到不可或缺的杠杆调节作用。因为一个国家生产的商品都是按本国货币来计算成本的，要拿到国际市场上竞争，其商品成本一定会与汇率相关。汇率的高低也就直接影响该商品在国际市场上的成本和价格，直接影响商品的国际竞争力。然而，汇率并不是一国政府能够左右或者能完全左右得了的，它所涉及的影响因素众多，可谓牵一发而动全身。那么，影响汇率变动的因素都有哪些呢？

其一，进出口差额。出口是把本国的商品或服务卖给国外，是收入外汇的过程；进口则是用外汇购买国外的商品或服务，是付出外汇的过程。如果一个国家的商品和服务的出口额比进口额多，出现贸易顺差，相应这个国家挣的外汇就多，花的外汇就少，也就是外汇供给多，需求少，这时，外汇的价格——汇率自然要下跌，该国货币也就相应升值。这几年，我国面临持续的巨额贸易顺差，人民币因此也面临着升值的压力。相反，如果一个国家商品和服务的出口比进口少，出现了贸易逆差，相应挣得外汇少，花的外汇多，外汇供给少，需求多，这时，外币汇率自然会上升，该国货币可能就不怎么值钱了，面临着贬值的压力。

其二，资本的流出流入差额。当一个国家的资本流入多于资本流出时，这个国家就会出现资本项目顺差，也就是外汇供给多，需求少，外币汇率自然会下跌。相反，如果一个国家的资本流出多于资本流入，这个国家就会出现资本项目逆差，外币汇率就有上升的趋势。

其三，利率差异。随着世界经济的一体化，各国之间的资本流动越来越自由。如果一个国家的利率比其他国家的利率高，就会有大量的资本涌进来，兑换成这个国家的货币以获取更高的利息，这样，就会推动这个国家的货币升值。反之，如果这个国家的利率比其他国家的利率低，其货币就有贬值的压力。

其四，通货膨胀率。如果一个国家的通货膨胀率较高，就意味着这个国家的货币购买力下降，相对于通货膨胀率较低的国家，其货币自然有贬值的压力。反之，如果一个国家的通货膨胀率比其他国家低，其货币就有升值的趋势。

汇率作为一种交换比率，反映的是不同国家货币之间的价值对比关系，因而体现着一种更复杂的经济关系。这种关系反映在汇率的职能上，则表现为汇率构成国际经济交往的纽带，在国际商品交换的货币流通中，执行着折算、表价和价格转换等职能。

在国际经济交往中，汇率首先执行着折算单位的职能。汇率执行这一职能，就是把具有不同名称、计算单位、价格标准的各国货币，按其相互间的价值对比关系，折算成一定量的别国货币。也就是说，汇率作为一种交换比率，把不同的货币单位折算成可通约的量，使不同的货币单位的价值对比关系、对象化为量的比例，从而在量上可以比较和通约，这就大大便利了国际商品交换，有益于国际货币收支的进行。

汇率的第二种职能，是充当货币相对价值的标度。就一般情况而言，在同一货币制度下，货币要表现自己的价值，就必须把自己当作自己的等价物，即必须通过自身来表现自己的价值，这实际上是不可能的，所以货币没有价格。但是当商品交换涉及到不同的经济社会和不同的货币制度时，汇率作为两国货币之间的兑换比率，却把一国货币表现为等于一定量的别国货币。也就是说，借助于作为两国货币价值比率的汇率，一国的货币可以用另一国的货币来表现。这样，一国货币就取得了特殊的价格形式。在这一过程中，汇率起了一种表现货币相对价值的特殊度量标记的作用。这里，别国货币是一国货币价值的度量标准或价值尺度，而汇率则是这种度量的标记、结果。因而，在国际经济交往中，汇率是货币价值的特殊表现者，它把一国货币表现为一定量的以外国货币来表示的价格。

最后，汇率还具有价格的国际转换手段的职能。自从有了汇率之后，以本国货币来表示的本国商品和劳务的价格，可以通过两国货币之间的兑换比率，转换成以外国货币来表示的价格。同样，外国商品和劳务的价格，也可以通过汇率的媒介，转变成以本国货币来表示。这样就在客观上使本国物价同国外物价和世界市场价格之间建立了联系。汇率的这种充作内外价格转换手段的职能，也直接地或间接地使一系列价格之间建立了联系，从而形成相对价格。这方面主要有：(1) 以本国货币来表示的本国贸易商品和非贸易商品之间的相对价格；(2) 以外币来表示的本国出口商品同其国际竞争者的出口商品之间的相对价格；(3) 以本国货币来表示的进口品同本国进口替代品或进口竞争品之间的相对价格；(4) 以本国货币来表示的本国出口品或进口替代品同生产这些商品的成本之间的相对价格。这些相对价格的形成，是汇率的价格转换手段职能的延伸和深化。

汇率研究的基本问题

汇率研究的中心任务，是说明汇率在实际经济生活中的行为及这种行为的经济影响。在这一目标的规定下，汇率研究必须阐明支配汇率行为的经济机制以及汇率和其他经济变量之间的关系。这种研究的合理结果，是为经济单位理解汇率的变动及其作用提供清晰的线索，其政策含义则在于为政府的汇率决策，提供理论基础。

汇率是一种特殊的价格。这种特殊性有两层含义：第一，汇率以特殊的方式，使一国货币取得了用另一国货币单位来表示的价格。汇率作为两国货币之间的交换比例，客观上使一国货币等于若干量的其他国家货币，从而使一国货币的价值（或所代表的价值），通过另一国货币表现出来。而在一国范围内，货币是没有价格的。因为价格无非是价值的货币表现，货币不能通过自身来表现自己的价值。第二，汇率作为一种价格指标，对经济社会中的其他价格变量，具有特殊的影响力。作为货币的特殊价格，作为本国货币与外国货币之间价值联系的桥梁，汇率在本国物价和外国物价之间起了一种纽带作用，它首先会对国际贸易产生重要影响，同时也对本国的生产结构产生影响，因为汇率的高低，会影响到资源在出口部门和其他部门之间的分配。

除此而外，汇率也会在货币领域引起反应。在国际外汇市场上，我们经常可以看到，随着汇率的变动，大量资金会相应地从一种货币流向另一种货币。在国内金融市场上，则可以看到汇率随着货币供求状况的变化而进行的适应性变动，以及反过来，它对国内货币供求状况的影响。汇率这种既能影响经济社会的实体部门，同时又能影响货币部门的特殊影响力，是其他各种价格所不具备的。

汇率的这种特殊性，决定了汇率行为必须从国内经济和国际经济、实体经济和货币经济的结合点上来进行考察。由此，汇率理论一般地说，是货币银行学理论的组成部分；特殊地说，构成了国际经济学的主要分支——国际货币经济学的重要方面。换言之，汇率理论是货币经济理论的国际延伸，它构成国际经济学的特殊研究领域。而在这一领域中，汇率决定、汇率变动、汇率制度、汇率政策这四个问题是其研究的基本对象。

既然汇率是一种特殊的价格，汇率研究便应该首先研究汇率的决定。也就是说，汇率理论首先必须回答，汇率根据什么来决定，作为一种价格，它的决定基础是什么？对此，经济学家们人言人殊，从不同的方面，用不同的理论，提出了自己的答案。这些回答，若个别地来看，都不能令人满意，因为迄今为止的各种汇率决定学说，都不能科学地说明汇率决定的根本基础，从而不能提出汇率决定的根本依据。但总体来看，这些回答又都十分值得重视，它是人类对汇率这一经济范畴的不同侧面的认识，它为后人科学地把握汇率行为，提供了宝贵的有价值的思想材料。

然而，汇率决定理论说明的是，在给定的时点上，汇率应根据什么来决定以及这种决定的现实意义。它不能具体地说明，在一定的时间长度内，汇率为什么会变动，这种变动的经济影响又是什么。在实际经济生活中，汇率变动是一种更为经常的经济现象。它对社会经济生活的各方面包括经济增长、对外贸易、货币供求、资源分配、产业结构等等，都有着重大的经济影响。这种状况，客观上要求我们对汇率变动进行深入的研究，并且要特别注重分析汇率变动的作用。于是，汇率的变动及其经济影响，构成汇率研究的第二个方面。

汇率研究的第二个基本问题是汇率制度。所谓汇率制度是指各国关于汇率的定值基础、变动方法及管理规则的公共安排。在国际货币关系史上，汇率制度的形式主要有两种：固定汇率制和浮动汇率制。在固定汇率制下，汇率由官方规定，各种经济单位在实际经济交易中所使用的汇率，只能在官方规定的法定比价的基础上，在狭小的范围内波动；而在浮动汇率制下，汇率主要由市场供求力量决定，汇率的波动，原则上不受限制，官方基本上不加干预。十分明显，在不同的汇率制度下，汇率行为受到不同的制度性约束，因而其行为方式就存在很大差异。因此汇率研究如要深入，就必须研究制约着汇率行为的这些制度性因素，分析在不同的汇率制度下汇率的作用及其运行方式，并通过比较分析，对汇率制度的选择提出判断的依据。

最后，汇率研究必须包括对汇率政策的分析。汇率政策的制定，依靠的是对汇率行为内在支配因素的了解。但在实际生活中，汇率政策又予汇率行为以重大影响。因此对汇率政策的研究，合乎逻辑地构成整个汇率研究的有机部分。这方面的研究，实际上一方面是站在政府决策者的立场，考察在政策上应把汇率确定于何种水平，其依据是什么，在何种情况下应予调整，汇率管理又应选择何种制度性的安排；另一方面则从理论的角度，探讨汇率政策的目标和工具；等等。

综上所述，汇率研究的基本线索是，从汇率行为的根本基础出发，逐渐上升到对汇率现象的各个主要侧面进行历史的和逻辑的考察、理论的和实证的分析。其根本目的是从整体上说明汇率现象的本质，揭示汇率行为的内在支配因素及其后果。

汇率变动对经济的影响

各种货币汇率每天都在变动，但人们对于汇率为什么要这样变来变去不一定十分清楚，有人甚至认为是政府强行使汇率在变动。然而，汇率并不是一国政府能够左右或者完全左右得了的，它所涉及的影响因素众多，可谓牵一发而动全身。

从人民币汇率演变史可以得知，我国的人民币汇率中隐藏着两种反常现象：一是我国的通货膨胀率高于美国，可是人民币反而在对美元升值；二是在人民币汇率上升时，我国依然存在着国际收支顺差。

1973～1980年，西方国家出现了通货膨胀，美元对其他国家货币发生贬值，我国的人民币汇率也相应地进行了几次调整，持续上升到1美元兑换人民币1.5元。应该说，这时候的人民币对美元汇率是高估的，从而直接导致了我国当时的外汇储备严重短缺。

改革开放以来，我国宏观经济环境运行平稳，但与此同时，国际收支顺差和外汇储备不断增加，使得人民币汇率问题成为全球金融界的一大热点问题。

1981～1994年，人民币汇率一直呈下调趋势，直到1994年以后人民币汇率才表现出稳中有升的趋势，兑换比例大约为1美元兑换6.84元人民币。

2005年7月21日19时，中国人民银行对外宣布我国开始实施以市场供求为基础、参考一揽子货币进行调节（即不再像原来那样单单盯住美元）、有管理的浮动汇率制度，美元兑换人民币的价格调整为1美元兑换人民币8.11元。

这表明，人民币升值终于变成现实；同时也表明，这种富有弹性的汇率制度，使得人民币汇率变动对我国经济发展的影响日益加大，尤其是对出口依赖较大的行业（如纺织、服装等）产生的影响更为明显。例如，2008年第一季度，人民币对美元汇率的升值步伐就明显加快，对欧元、日元则呈现出贬值趋势，从而导致汇率变动对我国经济发展的影响日益显现。

究其原因在于，2007年9月美国爆发的次贷危机导致美元持续走软，而在人民币汇率参照的一揽子货币中，美元是最重要的组成部分，美元不断贬值必然会导致人民币对美元的加快升值。

汇率作为一种重要的经济杠杆，不仅会直接影响国内外商品的相对比价，从而影响国际收支平衡；而且还会对国民收入、物价水平等宏观经济变量产生重要影响。关于汇率变动对经济产生的影响，可以从以下的分析中导出。

一、汇率变动对一国经济的影响

（一）对国内经济的影响

1．影响物价的上涨或下降

汇率变动后，立即对进口商品的价格发生影响。从进口消费品和原材料来看，汇率的下降要引起进口商品在国内的价格上涨，至于它对物价总指数影响的程度则取决于进口商品和原材料在国民生产总值中所占的比重；反之，本币升值，其他条件不变，进口品的价格有可能下降，从而可以起抑制物价总水平的作用。

2．影响商品的进出口

一国生产的商品出口到国外，通常要报外币价格，所报出的价格高低与汇率直接相关。汇率的高低直接影响商品的国际竞争力。一般来说，本币汇率下降，即本币对外的币值下降，能起到促进出口、抑制进口的作用；本币汇率上升，即本币对外的币值上升，则有利于进口，不利于出口。

例如，一件价值 100 元人民币的商品，如果美元对人民币汇率为 8.25，则这件商品在国际市场上的价格就是 12.12 美元。如果美元汇率涨到 8.50，也就是说美元升值，人民币贬值，则该商品在国际市场上的价格就是 11.76 美元。商品的价格降低，竞争力增强，肯定好卖，从而刺激该商品的出口；反之，如果美元汇率跌到8.00，也就是说美元贬值，人民币升值，则该商品在国际市场上的价格就是12.50美元。高价商品肯定不好销，必将打击该商品的出口。同理，美元升值而人民币贬值就会制约进口，美元贬值而人民币升值则会大大刺激进口。

（二）对对外经济的影响

1．对资本流动的影响

短期资本流动常常受到汇率的较大影响。当存在本币对外贬值的趋势时，本国投资者和外国投资者就不愿意持有以本币计值的各种金融资产，并会将其转兑成外汇，资本大量外流，同时，由于纷纷转兑外汇，加剧外汇供求紧张，会促使本币汇率进一步下跌；反之，当存在本币对外趋势时，本国投资者和外国投资者就力求持有以本币计值的各种金融资产，并引发资本内流，同时，由于外汇纷纷转兑本币，外汇供过于求，会促使本币汇率进一步上升。

2．对对外贸易的影响

本币价值下降，具有扩大本国出口，抑制本国进口的作用，从而有可能扭转贸易收支逆差。

3．对旅游部门的影响

其他条件不变，以本币表现的外币价格上涨，而国内物价水平未变，对国外旅游者来说，本国商品和服务项目显得便宜，可促进本国旅游及有关贸易收入的增加。

（三）对黄金外汇储备的影响

1．储备货币的汇率变动影响一国外汇储备的实际价值，储备货币升值，则一国外汇储备的实际价值提高，反之则降低。

2．本国货币汇率变动，通过资本转移和进出口贸易额的增减，直接影响本国外汇储备的增加或减少。

3．汇率变动影响某些储备货币的地位和作用。

二、汇率变动对国际经济的影响

1．汇率不稳，加深国际争夺销售市场的斗争，影响国际贸易的正常发展。

2．影响某些储备货币的地位和作用，促进国际储备货币多元化的形成。

3．加剧投机和国际金融市场的动荡。同时又促进国际金融业务的不断创新。

汇率政策的目标和工具

汇率政策，是指一国政府为达到一定的目的，通过金融法令的颁布、政策的规定或措施的推行，把本国货币与外国货币比价确定或控制在适度的水平而采取的政策手段。汇率政策主要包括汇率政策目标和汇率政策工具。

汇率政策是用一定的汇率政策工具来达到一定的政策目标的过程。汇率政策的目标规定了汇率政策工具的方式、方法和使用范围。因此，具有首要的意义。

汇率政策的根本目的，是同其他经济政策一起，达到经济社会的增长、稳定、就业和对外收支平衡。但其直接目标，则可以分为以下几项：

第一，维持本国货币对外价值的稳定。为此，可采取以下方法：(1) 把本国货币固定于某种货币，不允许汇率有任何波动。(2) 把汇率的波动限制在狭窄的、明确规定的上下限之内。当汇率尚未达到上下限时，政府可任其不受控制地波动，但一旦达到支持点，即进行干预，使其限制在上限或下限之内。(3) 不规定货币的对外平价或支持点，汇率可自由波动，但每天的或一段时间内的波动，政府可通过干预使之限制在相对小的幅度内。

第二，维持本国货币对内价值的稳定。其做法，是通过汇率升降，使货币在国内市场上的购买力，不受外来扰动的影响。

第三，影响对外贸易。这包含两个方面：一是影响贸易条件，二是影响贸易流量。贸易条件表现为进口品和出口品的相对价格。它反映了用一定数量的出口商品所能换到的进口品的数量。在汇率变动的情况下，出口品同进口品的交换比例会发生相应变动。因此，汇率变动将诱发贸易条件的变动。在一定条件下，政府可能将汇率升值，以改善贸易条件，即以较少的出口品来换得较多的进口品。

第四，影响国际资本的流入或流出。一国政府采取政策行动来吸引或阻止外因资本，大多出于以下目的：增加或减少其持有的官方国际储备额；扩大或缩小国内的信贷资金数量；或者是为了提高或降低国内的利率。为此，政府可通过提高或降低即期汇率，来影响“不抛补的国际套利”活动，也可以通过直接干预外汇市场，以影响“抛补的国际套利”的方向和程度。

除此而外，一些国家在特定的情况下，也可能把国际政治或经济上的考虑，作为其汇率政策的直接目标。

综上可知，从上面看来，汇率政策的直接目标，实际上可以归纳为两种模式：一种模式是通过制度性的安排，维持本国汇率的稳定，而主要通过其他经济变量的波动，来达到调节国际收支和国内经济活动的最终目的。另一种模式是，保持汇率的适度弹性，通过汇率的升降波动，来维持本国货币的对内价值和影响贸易及资本流动。

根据上面的分析，汇率政策的工具或手段，则可以归结为以下几种：

第一，汇率制度的选择。汇率制度制约着汇率运动的基本方式，因此，汇率制度的选择，是一国政府或其货币当局达成其汇率政策目标的重要手段。

第二，汇率水平的确定。由于政府把本国货币的现实汇率确定在高于其价值平价或低于其价值平价的水平上，会对该国经济状况产生重大影响，所以各国政府往往部把现实汇率的确定作为一种政策手段来使用。例如，对某些主要资本主义国家来说，当其政策目标主要是以资本输出来推行对外扩张时，往往将本国货币高估，人为地提高本国货币的汇率，以便输出的资本能以较低的价格购买当地的原料和劳动力。

值得注意的是，在发展中国家方面，常常把现实汇率的确定同本国的经济发展战略联系在一起，根据不同的发展战略，把现实汇率高估或低估。这是值得注意的重要经验。

第三，汇率的变动。汇率变动作为汇率政策的工具，其重要性是不言而喻的。政府可以通过各种途径，使汇率上升或下跌。归纳起来说，当政府试图使一国货币下跌时，可以或者直接把官方比价作向下的调整，或者策动汇率有控制地向下移动，或者就听任不利的趋势发展，以便让它来影响汇率下跌。在汇率下落的过程中，政府也可能经常进行干预，以便控制这种下跌过程。如果政府决定将汇率升值，则可以将官方比价上调，或者有控制地诱导汇率上升，或听任汇率随其他经济政治情况的变化而自由上升。当然在此过程中，政府也可进行适当的干预。

第四，国际协调与合作。各国汇率政策的实践表明，一国也可以通过一些国际性的计划或安排，来达到其汇率政策目标。因此，国际协调与合作，也构成一国汇率政策的重要工具。这里面包括：

1．以协定形式来确定汇率规则。系统的汇率行为规则对汇率行为有很大影响，因为其解释、修改，及其运用的中止或扩大，都可能引起汇率行为的变化，并可能影响到外汇交易的相对自由度。

2．创设货币区。从外汇交易者的角度来看，有关货币区的安排是十分重要的。例如，欧洲货币体系的创立，就可能使人们对汇率的评价发生影响深远的变化。而在已创设的货币区内，新会员的加入或原会员的退出，也都十分重要。因为这不仅影响到有关货币的当前地位和今后的前景，而且会在货币区内打开或关闭回避外汇管制的缺口，并且会影响到留在货币区内的其他货币的强弱地位。货币区的存在，也使外汇交易者不但要关心本国的外汇形势，而且要关心整个货币区的外汇形势。

3．各国中央银行之间的紧密合作。各国中央银行的联合干预或协调干预，往往可以在短时间内改变汇率变动的趋势，其影响程度要远远超过一国货币当局单独进行的干预。

总而言之，汇率政策的直接目标可以分为维持汇率的稳定或保持汇率的适度弹性这两种。具体在两者中选择何种或将两者如何结合，取决于各国政府的不同偏好，更深一层看，则决定于不同国家的社会经济条件。至于达成汇率政策目标的手段，则有汇率制度的选择、汇率水平的确定、汇率水平的变动及国际协调与合作这四种。以不同的方式来运用这些汇率政策手段，以达到汇率的稳定或汇率的适度弹性的过程，则构成各国不同的汇率政策。

第五章 多重分形的金融市场——水深正好学游泳

股票市场——在机会与风险中“淘金”

通俗地讲，市场是商品交换的场所。而作为证券市场重要组成部分的股票市场，是指对股票、股票价格指数等特殊商品进行买卖的场所及其交易系统。它包括的内容相当广泛。从交易对象来看，它可分为股票交易、股票价格指数交易等；从交易的方式来看，它可分为现货市场、期货市场及期权市场；从交易层次来看，股票市场包括发行市场与流通市场两部分。总之，通过股票市场的有效运作，实现其筹集资本、方便投资、促进资源优化配置的功能。

一、股票市场的产生

股份公司从16世纪诞生至今，已经历了三四百年的发展变化，其主要形式包括无限责任公司、有限责任公司、股份有限公司、两合公司以及股份两合公司等五种类型。股份有限公司是最典型的股份制企业，简称为股份公司。到了19世纪末，股份公司已在各类产业中居于主要地位。大量股份公司的设立为股票市场的产生和发展提供了现实基础和客观要求。随着资本主义经济的发展，各种形态的闲置货币资本被金融机构集中起来，通过金融市场中金融工具（金融交易对象）承载，作为生息资本在全社会重新分配，然后作为职能资本被加以运用。在这种条件下，持有作为金融商品的股票投资者，就可以按期取得一定的股息。当生息股票成为生息资本的投资对象，这种投资和回收是以买卖股票得以实现的时候，股票市场也就历史地形成了。

股票市场的产生和健康发展要求具备一定的条件，主要是：

1. 要有作为交易对象的股票。这是股票市场成立的前提条件。在各种形态的闲置资本的聚集过程中，长期闲置的资本也会被逐渐积聚起来，这是一种自然趋势。但是，在人为地进行金融控制的时候，如在实行高速度的发展政策，采取人为的低利率政策时，短期的闲置资本就会转化为长期资本，从而使短期金融市场的流动性减弱，随之利率也会比较剧烈地上升，这样就难以形成支付准备金的运用市场。因而必须废除人为的金融控制，使金融机构和企业有义务持有一定的支付准备金，并且让他们发行与支付准备金的运用相称的各种短期证券（如一年期内的债券），这样就能形成各种短期金融市场，进而形成中长期金融市场，为股票市场的形成提供条件。

2. 要有作为股票市场成员的中介人。中介人包括经纪人、市场交易商、承兑人、包销商、投资银行、证券公司及股票交易所、场外市场等等。在自发性的股票市场上，不一定需要作为市场成员的中介人。但在现代化的股票市场上，这种中介人是必不可少的，他们是沟通筹资者与投资者的桥梁。在股票发行市场上，这种中介人起到对证券公司的信用迭位作用，从而提高发行股票的信用，使股票能够为公众所接受。与此同时，中介人还可以通过自己卓有成效的工作，将已发行的股票全部推销给认购者。在股票的流通市场上，虽然买方与卖方的地位处于不断变化中，只要拥有一定数量的货币资本，任何人都可以参加交易。但为了在短时间内把大量的股票买卖集中起来，并圆满地实现交易，就需要有专门的交易场地、高超的股票交易艺术以及具有一定地位的中介人。

3. 要有进行股票投资的投资者。股票投资者是股票市场的主体，如果没有股票投资者，股票就不可能售出，也就不存在股票的买卖行为，作为股票买卖活动载体的股票市场也就无从谈起。股票投资是一个比较复杂的过程，它的第一步是进行储蓄，以筹集进行投资的资金。在现实生活中，大多数人用于投资的货币，只能来自于收入超过支出的盈余部分，即储蓄。因此，积累储蓄也是股票投资的先决条件。

4. 要有管理股票发行、流通买卖的法规条例以及健全而权威的金融管理机构。股票市场具有高风险性和投机性强等特征，使得市场上容易出现价格操纵、不公平竞争或价格剧烈波动的现象，如这些现象不及时地加以制止和控制，就会出现交易者亏损过大，交易不能履约，市场不能正常运转的严重后果，甚至扰乱整个社会的经济秩序。从股票市场的发展历史来看，不乏因大量交易者亏损破产而导致股票市场全面崩溃的教训。

二、股票市场的功能

股票市场通过股票信用的方式融通资金，形成金融资产，并通过股票的买卖交易活动，影响经济的发展。在现代市场经济条件下，无论是对于宏观经济运行还是对于微观经济活动，股票市场都产生了多方面的影响，同时，经济环境对股票市场的运行又起着反作用。

（一）股票市场的宏观经济功能

1. 资金流动的导向功能

股票市场有利于国民经济结构的调整与转换。股票市场不仅可以实现筹资、投资与融资活动，而且能通过资金价格的利率导向，引导货币的活动，实现资源的合理配置。在股票市场运行中，股息作为金融商品——股票的价格，它的变化将引导货币流向高股息的股票，借以调整股票市场上资金供给者和资金需求者之间的关系，相应地也就推动着商品和各种生产要素的重新配置与组合，更加有效而合理地利用资源。

2. 信息传递功能，为进行经济分析和宏观调控提供依据

股票市场的动向不仅反映着股票发行与交易活动本身的具体状况和趋势，而且全面地反映着经济运行的态势，可以说，它是经济运行态势的“晴雨表”。股票市场动向主要是指股票市场行情的变化，一般通过股票价格指数的升降来具体表示。通常，当股票价格指数趋于上升时，意味着总体上股票收益水平较高而风险较小；反之，股票价格指数趋于下跌时，意味着总体上股票收益水平不理想，风险增大，表明经济形势不稳定，前景暗淡。这就为企业、投资人确定筹资或投资策略，特别是为政府分析经济形势，对国民经济运

行实施宏观调控，提供了重要的依据。在国外，经济分析家们判断经济形势的总体优劣时，就往往把股票市场作为主要观察对象，以股票价格指数作为重要指标。

3. 宏观调控功能，为政府某些重要的货币政策提供场所

货币政策的实施有时必须借助于证券市场（包括股票市场）。货币政策由中央银行确定和操作，运作手段有三：(1) 法定存款准备金率；(2) 再贴现率；(3) 公开市场业务。其中公开市场业务完全要以股票市场、债券市场为依托。当中央银行大量买进股票、债券时，商业性金融机构就可以扩大提供信用的规模，同时流通中的现金量增加，这当然就会刺激投资与消费需求；而且，中央银行大量买进股票、债券等各类有价证券，还会抬高它们的价格，使利率水平降低，即融资成本下降，同样也可以起到刺激投资的作用，从而使国民经济得以扩张，改变经济不景气的状况。反之，当中央银行抛出大量有价证券时，便会产生紧缩效应，可以有效地抑制过热的经济形势。显然，如果没有证券市场的存在，这项宏观货币政策的手段就失去了依托。

（二）股票市场的微观经济功能

1. 融资功能

在市场经济条件下，社会再生产特别是扩大再生产的顺利进行，离不开充分的长期资金供给。作为生产主体的企业，其外部融通资金主要有两条渠道：一是向银行借款；二是在证券市场上发行证券。在多数情况下，银行提供的贷款期限都不长，多适宜于解决短期资金周转的需要。发行证券则不同，它是企业筹措中长期资金的重要渠道。在发行股票的情况下，企业筹集到的自有资金，除非企业破产停办，这笔资金可以由企业掌握运用。因此，股票市场通过其特有的融资方式，解决了经济盈余单位和经济不敷单位之间资金供求的矛盾，实现了资金融通的功能。

2. 促进经济效益提高的功能

对于企业来说，在股票市场上发行股票，必须承担向股东支付红利及股息的责任。企业作为筹资者，一旦进入股票市场，就要面对风险。要避免风险的发生，企业在发行股票之前，就需要审慎地进行生产投资决策，一旦通过发行股票筹集到资金，企业必须努力保证运用的合理性，通过加强经营管理，提高这笔资金的使用效益。

3. 投资风险的分散功能

股票市场上的资金的需求者通过发行股票的方式筹集资金，是将其风险部分地转移、分散给投资者。但在股票市场上存在着各种各样不同性质、不同风险与收益的股票可供投资者选择。投资者也可根据投资风险最小化原则，将资金分散投资于不同种类、风险的股票，以降低投资风险，同时也可通过迅速买进、卖出证券，达到转移和分散风险的目的。

外汇市场——没有具体场所的交易

外汇市场就是进行外汇交易的场所或网络。从广义上讲，凡是有外汇交易的地方均可称为外汇市场。现实中，主要外汇交易都是通过银行这个中介在电脑网络中完成的，这种交易惯例的沿袭，使我们很难用一般市场概念去理解外汇市场。从交易对象上看，一般在外汇市场上所交易的外汇资财，大部分是在世界各大银行账户内的活期存款，小部分是外币现钞。出口创汇企业将汇票卖给银行，折算成的本币随即划转至其在银行的本币账户上启用；进口用汇企业支付银行账户内本币，购买外汇支付凭证对外支付，这些就是最经常的外汇买卖，从这个意义上说，世界上所有的银行窗口都可以说是一个小的广义的外汇市场。

但是，外汇市场上的交易并非仅限于银行与一般客户之间，还有更多的交易在银行与银行之间完成，习惯上，狭义的外汇市场就是指这一类，即所谓银行同业市场或称银行间市场。

一、外汇市场的类型

外汇市场按其交易方式，一般分为两类，一类称之为抽象的外汇市场，一类称之为具体的外汇市场。

（一）抽象的外汇市场

所谓抽象的外汇市场也称无形的外汇市场，它没有具体的地理位置和固定的交易场所，也不使用作为交易对象的具体货币，其交易全部通过电话、电传、电报、电脑终端等复杂的信息通讯网络在“空中”完成，居于看不见的外汇市场。一方面，交易各方从交易商洽开始到最终达成一致完成交易，都在看不见的信息通讯网络中进行，不发生表面货币收付转移；另一方面，外汇银行通过信息通讯网络，掌握外汇市场动态，预测发展趋势，寻找交易时机。

抽象的外汇市场目前已成为外汇市场的主流，这也是外汇市场区别于其他一般金融市场的一个主要特征。因为，除了外汇市场外，其他如证券商场、期货市场等都有具体的地理位置和固定的营业场所，交易各方面对面公开竞价，最终达成交易，而外汇交易基本上在“空中”进行，全球外汇交易因此而成为一个整体。从这个意义上讲，外汇市场虽然是无形的，却又无所不在，抽象外汇市场是全球性的最重要的一类外汇市场。

（二）具体的外汇市场

所谓具体的外汇市场也称为有形的外汇市场，它有具体的地理位置和固定的交易场所，一般指各国在其证券市场设有专门经营外汇交易的场所，按固定的交易时间，各银行代表在那里面对面地讨价还价，最终按照订价达成交易，因而这类市场又称作“订价市场”。

具体的外汇市场在通讯信息极发达的情况下也有它不可替代的优势，即订价公开竞争，更能体现公平、公正，而且一旦汇价订下来，必须公开发表，极具透明度，以便工商企业参照订价直接进行结算。这一优势是抽象的外汇市场不具备的，因而，具体的外汇市场继续存在着。从总的发展趋势看去，两类外汇市场的区别日渐缩小，外汇市场国际化、一体化进程将进一步加快。

二、外汇市场的功能与作用

外汇市场的功能是外汇市场固有的内在的本质特征，而外汇市场的作用则是外汇市场功能运作之后所产生的影响和效果。

（一）外汇市场的功能

外汇市场最基本的功能就是为交易各方提供机会和场所，从而实现各国货币的相互兑换。这是外汇市场的共性，不因不同国家不同性质的外汇市场而有所区别。从这个基点出发，外汇市场的功能具体体现在：

1．外汇买卖。这是外汇市场最经常性的业务。企业、团体或个人因贸易或非贸易往来的需要，有外汇欲售或需外汇欲购，均可以通过外汇市场得以实现。

2．外汇清算。现代外汇市场发达的通讯设施和清算系统，使国际间外汇清算变得简单易行。钞票的传送早已为各外汇银行之间账户划转的清算方式所取代，这种运作大大提高了外汇市场的效率，因而每天都有巨额资金在银行间快速流动着。

3．外汇转换。外汇转换的主要目的就是防范持有外汇可能存在的风险。企业需要外汇转换，那是因为在贸易中计价结算货币与支付货币的不同选择会产生不同的外汇风险，为防范这种风险，外汇市场提供了一个外汇转换的机会和场所，以消除外汇风险或至少可以固定成本，减弱风险程度；银行需要外汇转换，那是因为银行基本遵循买卖平衡这一原则，当所持外汇汇率下跌或所缺外汇汇率上升时，银行也面临外汇风险。在金融一体化和国际化的今天，外汇市场的外汇转换这一职能将更加举足轻重。

4．外汇信贷。在国际贸易中，进出口商相互之间都希望对方可以为自己提供商业信用。对出口商而言，希望进口商提前付款或出口商发货后进口商立即付款，以便尽快收回货款，重新购置原材料进行再生产；对进口商而言，希望延期付款或发货验货后再付款，利用出口商提供的商业信用，降低进口成本。这就是一对矛盾，这一矛盾在外汇市场所具有的外汇信贷功能中得以化解，即双方可以利用外汇银行提供的各种形式的信贷和资金融通的便利实现资金的融通。这便是外汇市场的外汇信贷功能。

（二）外汇市场的作用

外汇市场具备的基本功能，使外汇市场在国际经济贸易发展中发挥着日益重要的作用。

1．外汇市场实现了购买力的国际转移

国际贸易及国际资本移动要牵涉到不同国家的居民，不同国家居民不论在商品贸易、资本转移还是非贸易款项收付上均需要进行货币币种的转换方能完成国际支付，这就需要外汇市场来实现。

2．外汇市场提供了借贷资金的融通，使信用授受成为可能

进口商与出口商之间能够相互提供信用（延期收付款或提前收付款）的重要前提，是外汇银行的信贷提供与担保。另一方面，外汇银行之间借贷资金的融通及相互银行信用的提供成为外汇市场的重要业务。

现代通讯工具的发展，外汇市场工具的广泛运用，外汇资金的融通极为方便快速，外汇市场业已成为国际金融市场的枢纽，外汇资金的集散中心。闲散的外汇资金大量涌入外汇市场，同时外汇资金短缺者入市取得资金，因而外汇市场已成为世界资金再分配的重要渠道。从交易规模看，外汇市场居所有其他类型的金融市场之首。

3．外汇市场为外汇投机和套期保值等金融活动提供了便利

外汇投机者利用不同时间或不同汇市的汇率差异，通过贱买贵卖赚取差价利润，或因投机失败遭受损失，因而投机本身就具有收益和风险双重性。所以，有人称外汇投机是一种文明的“赌博”，外汇市场则是一个文明的“赌场”，它为投机者提供了一个甘冒风险择机取利的机会和场所。同时，外汇市场也为套期保值者提供了便利。进出口商或银行为防范外汇风险不得不采用各种交易方式进行套期保值。在外汇市场上，外汇银行创造了市场，外汇投机者则使市场更加活跃或是更加动荡。

保险市场——无形保险，有形保障

保险市场是指保险商品交换关系的总和或是保险商品供给与需求关系的总和。它既可以指固定的交易场所，如保险交易所，也可以是所有实现保险商品让渡的交换关系的总和。保险市场的交易对象是保险人为消费者提供的保险保障，即各类保险商品。

保险市场由潜在市场和现实市场组成。由潜在市场变成现实市场要具备五个必备条件：(1) 一定数量的客户；(2) 客户要具有投保能力；(3) 客户要具有投保资格；(4) 客户要有投保愿望；(5) 要有投保渠道。保险营销的首要任务就是要先弄清“市情”，即：潜在保险市场和现实保险市场的情况；潜在保险市场向现实保险市场转化的条件是否具备，由此来判断保险的有效需求情况，最后作出自己的营销决策。

保险企业与保险市场存在着固有的联系。保险企业的营销活动只有面向保险市场，时刻同保险市场保持紧密联系，才能生存和不断取得发展。保险市场不仅是保险企业经营活动的出发点和归宿，也是保险企业与外界建立协作关系、竞争关系的传导和媒介，同时还是保险企业经营活动成功与失败的最高的评判者。因此，深刻地认识保险市场，努力地适应保险市场，全力地驾驭保险市场，在保险企业活动与社会需要相协调的基础上，不间断地展开保险的创新活动，是保险营销活动充满活力的前提。

一、保险市场的基本模式

了解市场概念对于认识保险企业与保险市场的关系无疑十分重要。但这还不够，保险企业还必须认识、把握住竞争环境中市场的基本模式及特点。这对保险市场营销也有重要的意义。从竞争态势看，保险市场可归纳为四种基本模式：

第一种是完全垄断型的保险市场模式，又称独家垄断型的保险市场模式。它是指在一个保险市场上只有一家保险公司垄断所有的保险业务，或者是一种保险产品只有一个生产者或销售者，没有或基本没有替代者。这是一种没有竞争的市场模式。在这样的市场上，价格完全由保险产品的提供方即保险公司单方面决定，营销活动也相对简单，保险企业主要考虑如何在合理价格的基础上尽可能保质保量满足市场需求。在这种保险市场上，为了保护被保险人的利益，保险监管格外严格。完全垄断型市场上的保险公司既可能是国有保险公司，也可能是私营保险公司。目前这种保险市场模式已绝无仅有。

第二种是寡头垄断型的保险市场模式。在这样的市场上，一种保险产品在拥有大量客户的情况下，市场份额被数量不多的几家大公司分割，这几家公司展开竞争，剩下的一小部分则由众多小型的保险公司经营。这种市场的特点是：控制市场的几家大公司互相依存、互相制约，任何一家公司的经营策略变化，对其他几家大公司都会产生重大影响；几家大公司之间竞争激烈，竞争不是表现为价格竞争，而是表现为企业品牌的竞争；由于几家大公司的垄断，使其他公司难以进入。这种模式的优点是可以有效地维护市场的稳定。

第三种是垄断竞争型的保险市场模式。在这样的市场上，许多保险公司生产和销售同一种保险产品，由于同行业企业较多，产品替代性很大，因此保险公司之间存在激烈的竞争；由于没有一家保险公司能够左右市场已经形成的价格，因此竞争主要表现为非价格竞争。各家公司都注意产品特色的形成；为了取得竞争优势，各家公司都重视促销和广告宣传，但是市场中已出现了一定程度的垄断因素。这样的市场模式导致保险产品价格高于完全竞争型市场，但有利于技术创新。这种市场模式在当今世界较为普遍，并以欧美部分发达保险市场最为典型。

第四种是自由竞争型的保险市场模式。这种市场的特点是：各家公司的保险产品几乎相同，客户选择余地不大；不存在垄断因素，每家公司只占市场份额的一部分；竞争不受任何限制和干预，主要表现为价格竞争，不重视广告宣传；公司和销售人员可以自由进入和退出该行业。这种模式在现实经济生活中很难实现，只在西方保险市场发展的初期曾经具有这种模式的部分特点。

综上可知，在当今世界经济全球化的大环境下，国际保险市场购并浪潮不断，保险公司日趋向规模化方向发展，同时由于开放经济大行其道，寡头垄断模式日趋减少，垄断竞争型市场日益成为世界保险市场的主流。保险企业要清醒地认识自己所处的市场属于何种模式，亦即自己的产品销售处于何种市场竞争态势中，以利于正确决策，制定并实施适应市场环境的方针。

二、保险市场经营观

保险经营观的核心是：保险公司究竟应以什么为中心来开展自

己的经营活动。它是贯彻于保险企业市场营销活动全过程的指导思想，也是保险企业决策人员、营销人员的经营思想或商业观。它体现了一个保险企业的经营态度和思维方式。考察西方国家，在漫长的发展过程中，由于各时期生产力发展水平的不同，曾产生过以下五种不同的经营管理观：生产观念、产品观念、推销观念、市场营销观念和社会营销观念。总结这五种经营观的利弊，对我们进一步建立崭新的经营理念具有借鉴和启示作用。

（一）生产观念

这是一种古老的经营思想，盛行于20世纪20年代以前。这种观念的基本内容是：企业以改进、增加生产为中心，生产什么产品就销售什么产品，即“以产定销”。生产观念产生的条件是：市场需求超过供给，卖方竞争较弱，买方争购，选择余地不大；产品成本售价太高，只有提高生产率，降低成本，从而降低售价，才能扩大市场。亦即当市场的主要矛盾是产品的有无或贵贱问题，即当人们是否买得到和买得起成为市场的主要矛盾时，就适用于生产观念。

（二）产品观念

这也是一种与生产观念相类似的古老的经营思想。在20世纪30年代以前，这种理念曾流行于一些企业之中。它片面强调产品本身，而忽视市场的需求，片面认为消费者总是青睐那些质量高、性能好、有特色、价格合理的产品，因此生产只要注意提高产品质量，做到物美价廉，就一定会产生良好的市场效应，就会做到“顾客盈门”，而无需花大力气去展开推销活动。生产观念是“以量取胜”，产品观念则重视“以质取胜”。这种观念在商品经济不发达的时代有一定的适用性。但是，随着经济的不断发展，人们的需求也在不断地变化，这种死抱传统产品不放的经营哲学显然已不合时宜。

（三）推销观念

推销观念是生产观念的延伸，它流行于20世纪30年代至40年代末。这种观念的核心主张是：企业应把注意力倾注于能把生产出来的产品全力卖出去。它强调：生产出来的产品如果不经过销售努力，消费者就不会大量购买。也即只要企业倾力推销产品，消费者就会接受所推销的产品。

推销观念和生产观念均属于脱离市场的观念，两者区别是推销理念把抓推销作为重点，通过开拓市场扩大销售来获得利润；而生产理念是以抓生产为中心，企业通过增加产量来降低成本获得利润。从表面看，从以生产为中心转向以推销为中心。在经营思想上有明显的进展，但本质上推销理念仍然未脱离"以生产为中心"的理念。它只是着眼于现实产品的推销，倾心于把堆积的产品卖出去，而顾客是否满意，则被忽略。随着经济的发展，"卖方市场"的形成，在竞争的态势下，这种指导思想往往会使企业得利于一时，而丧失长远的市场和利益。

（四）市场营销观念

它是一种比较新的经营哲学，是第二次世界大战后在美国的新市场形势下产生的。它产生于20世纪50年代初。1957年由美国学者约翰·麦克金特先生等人所总结和阐述于世的。其基本理念是：企业考虑问题的逻辑明显不是用已有的生产或产品去吸引或寻找顾客，而是应从市场上的消费者需求为出发点，按照目标顾客的需要和愿望，比竞争者更有效地去组织生产和销售。其流行的宗旨是："顾客至上"、"哪里有消费者的需要，哪里就有我们的机会"。

（五）社会营销观念

市场营销观念是营销观念的一场革命，它被普遍接受后也带来一些负面的影响——众多企业为了满足消费者不断变化的需求，加速了产品的更新换代，导致了资源的过度消耗，造成了环境的严重污染。在这种情况下，20 世纪 70 年代社会营销观念应运而生。它的中心主张是：企业提供产品，不但要满足消费者的需要和欲望，而且要符合消费者和社会的长远利益，企业要关心社会与增进社会福利，营销要有利于促进可持续发展。它强调企业利润、消费者需要、社会利益三方面统一起来。社会营销观念是对市场营销观念的进一步发展。

期货市场——在未来市场上的角逐

什么是期货市场？从典型规范的形态来说，期货市场就是按照一定的法规程序，通过商品（包括证券）交易所和经纪商买卖商品、有价证券、股票指数、期权等的远期交割合约的一种市场。商品、有价证券等并不带进期货市场，进行交易的只是通常称之为期货的远期交割合约。某种商品、有价证券等的期货市场总是同一个有组织的商品（包括证券）交易所结合在一起，由这个交易所提供一个可以从事期货交易的持续而又稳定的市场。

期货市场既是一种市场组织形式，又是一种商品、有价证券等的交易形式，也是资本保值和增值的一种有效实现方式，因而可以为各个利益主体所采用。在期货市场上，商品、有价证券等合约买卖双方通过经纪商在交易所进行公平、公开的竞争和交易，从而实现各自的目的。

一、期货市场的组织形态

期货市场作为商品经济社会中的一种市场组织形式和商品、有价证券等的交易形式，遍及世界各地，特别是商品经济发达国家的经济运行中，期货市场起着举足轻重的作用。各国期货市场在基本原则、运行机制和运行原理上具有共性，但在具体形式上是多种多样的。从现代期货市场的组织形态来看，它基本上由期货（包括证券）交易所、结算所和经纪商三大部分构成。

（一）期货交易所

期货交易所，又称商品交易所，是不以盈利为目的，为商品、有价证券、股票指数、期权等的集中和有组织的交易提供场所、设施，并履行有关职责，实行自律性管理的会员制事业法人组织。期货交易所的组织，主要分同业会员组织和服份公司组织。前者为英、美等国所采用，由同业会员出资经营，参加交易者仅限于会员；后者为日本、香港、中国等国家和地区所采行，由股份有限公司（或国家）出资经营。

（二）期货结算所

期货结算所，也称票据交换所，是商品交易所的清算机构。其主要职责有两个：一是负责期货合约的结算；二是承担保证每笔交易的清算和保证期货合约购买者能最终拥有其所需要的商品或有价证券的担保责任。各交易所为开展期货交易业务都必须有与其挂靠的期货结算所。

（三）期货经纪商

交易人士或客户从事期货买卖必须通过经纪商进行。经纪商，又称经纪行或经纪公司，是指在期货市场上为客户负责与交易所场内经纪人联系和办理买卖期货并收取佣金的各种公司、组织和个人。

为了很好地完成职责，期货经纪商必须接受政府主管机关、行业协会、交易所的多重领导和制约，而且要设置一些与职责相配套的职能机构并配备一定素质的人员：保证金账户部、结算部、信贷部、信息部、交割部、客户服务部等，并建立相应的一系列规章制度，如登记注册制度、开户制度、财务制度、防欺诈制度等。

二、期货市场的主要特性

一般人谈到期货币场，往往把它等同于期货交易所，认为期货市场就是进行期货合约买卖的场所。这种看法有一定的道理，但严格说来还不够全面。从深层意义上讲，期货市场是市场经济发展过程中围绕期货合约交易而形成的一种特殊的经济关系，是一种特殊的交易活动。这种交易活动必须按照特定的规则和程序、在待定的场所内集中进行。

期货市场的这种特性，概括起来有如下几方面表现：

（一）交易对象的特殊性

在期货市场中买卖的是一种特殊的“商品”，即期货合约。这是一种由交易所统一制定的，在交易所内集中买卖的，规定在将来某一时间和地点交割一定数量和质量商品的标准化合约。合约本身不是实货，而是实货的象征、代表，也可以称为“虚货”。在合约中，商品的规格、品质、数量、交货时间和地点等都是既定的，唯一的变量是价格，期货价格在交易所内以公开竞价方式达成。

（二）上市商品的特殊性

期货市场交易的商品是一种有代表性的商品，并非任何商品都可以上市交易。可在期货市场上市交易的商品一般要满足以下四个条件：

1．可贮藏性，即能够保存一定时间。由于期货合约的交割日期为3个月到1年以上，甚至2年，所以其商品必须是可以较长时间保存、不会变质的。

2．品质可划分性，即有划分和评价标准的商品。由于期货合约是标准化的，所以其品质必须具有明显地进行评价和划分的标准。

3．交易大宗性，即可以大量进行交易的商品。在期货市场上，只有大宗交易的商品才值得进行交易。

4．价格波动频繁性。如果某种商品的价格没有波动，生产者和经营者就不会有回避价格风险的要求，投资者也就不会进行投资套利。这是期货交易最重要的一个条件。

（三）交易目的的特殊性

人们参与期货交易的目的，不是为获得商品的使用价值而是为利用期货市场回避风险或套利保值，按照交易目的的不同，期货市场的交易者可分为两类，即套期保值者和投机者。

（四）交易保障制度的特殊性

期货保证金制度的一个显著特性是其杠杆作用，即用很少的钱就可以做很大的生意。保证金一般为合约价值的5%～18%，与现货交易和股票投资相比，投资者在期货市场上投资所需资金要少得多。

三、期货市场的作用

机制是内在的、固有的，而作用却是外在的、多样化的。规范的期货市场可以发挥以下作用：

（一）规范和引导现货市场，减缓价格波动幅度

从国际期货市场的发展历史看去，现货市场是期货市场产生的基础，现货市场的不完善使其存在着自身难以克服的矛盾，比如：一些生产周期长、季节性强、价格变动频繁的商品存在着产销关系不稳定、市场前景不确定等问题，致使生产者和经营者的经济利益受到严重影响，生产经营的积极性严重受挫。为了解决上述矛盾，在现货交易的基础上引入了远期交易，并随着标准期货合约、清算制度和保证金制度的确立而产生了现代期货市场。期货市场一经产生便弥补了现货市场自身的缺陷，从而使商品市场更具完整性。通过期货市场机制作用的发挥，减缓了现货市场价格波动的幅度，稳定了产销关系，期货价格的“晴雨表”作用使市场预测有了依据，从而规范引导着现货市场稳定有序地发展。

（二）发现价格，形成正确的行情预测

期货市场标准期货合约的交易所形成的期货价格是在公开、公平、公正基础上达成的，其价格形成条件标准化、统一化，并且，由于影响现货价格的因素均要通过期货价格的形成反映出来，因而期货价格比现货价格更具有参考价值。它惯常被看作是相关商品国际商场行情的代表。期货价格的升降对未来市场供求者会产生真实的预报信号，从而预先调节生产和流通，为社会资源的有效合理配置提供重要依据。随着市场经济的发达和期货市场的国际化，期货

价格的行情预测作用将日益突出。

（三）规避风险，获取稳定的利润

期货市场的套期保值交易为避险者提供了规避风险的可能。标准期货合约不同交易部位（买或卖）的持有，使生产经营者可以根据产销需要核算成本，获取稳定利润，提高营销效率，特别是基差（指某一特定商品在某一特定时间和地点的现货价格与该商品在期货市场的期货价格之差）交易的引进，使这一目标的实现在技术上更加可行。这样，生产经营企业可以有计划地安排生产和经营，确立基本利润目标，提高经济效益。此外，期货市场的信用保障体系也为企业融通资金，实现投资多元化提供了有利的条件。

（四）引发投资，繁荣金融市场

期货市场的杠杆效应在所有金融市场首屈一指，从而引发巨额投资，投机资本转移至期货市场，国际期货市场异常活跃。现在，期货市场已经成为金融市场的重要组成部分，金融商品加外汇、债券、股票指数、黄金等的交易风险也得以在期货市场实现转移，从而使期货市场与外汇市场、证券市场、黄金市场相互交织，共同形成繁荣的金融市场。

（五）实现商流、物流的适当分离，节约流通费用

期货交易中标准期货合约在交割期到来之前的转让可以随意进行，并不涉及商品所有权的转移，也没有实际的商品实物流通与转让，从而实现了商流和物流的适当分离。标准期货合约的转让，只是表现为商流过程中价值形态的变化，直到交割日，单向持仓者之间才需要完成商品所有权的转换，卖空者出让商品所有权，买空者拥有商品所有权，原则上，相关数量的商品退出期货交易，进入消

费领域。可见，期货市场最大程度地减少了物流环节，节约了商品流通时间，节省了商品流通费用。

期权市场——于期待中的期市创新

期权市场是进行期权合约交易的市场，也称为期权交易所。它是现代金融市场的重要组成部分。期权交易指对特定时间内以约定价格购买特定商品的权利进行的交易，最常见的期权交易有外汇、指数、商品期权合约。

在具体地介绍期权市场之前，我们要先简单介绍一下期权。期权是一种选择权，期权的买方向卖方支付一定数额的保证金后，就获得这种权利，即拥有在一定时间内以一定的价格（执行价格）出售或购买一定数量的标的物（实物商品、证券或期货合约）的权利。期权的买方行使权利时，卖方必须按期权合约规定的内容履行义务。相反，期权的买方可以放弃行使权利，此时买方只是损失权利金，卖方赚取权利金。总之，期权的买方拥有执行期权的权利，无执行的义务；而期权的卖方只有履行期权的义务。

期权是由于风险管理的需要，随着时间的推移慢慢产生的。发展史分几个阶段，开始于 18 世纪的美国和欧洲市场，开始并不具有普遍性，1973 年芝加哥期权交易所成立，开始统一化和标准化期权和约买卖，标志着期权场内交易的开始。从 20 世纪 80 年代开始，期权市场主要限于股票交易，全球期权交易总量迅速增长，2009 年全球 70 家交易所期权交易总量是 177 亿张，期货交易量达到 81.9 亿张，期货交易量占到全球衍生品市场的53%，超过期货交易量。

期权交易场所没有需要特定场所，可以在期货交易所内交易，也可以在专门的期权交易所内交易，还可以在证券交易所交易与股权有关的期权交易。目前世界上最大的期权交易所是芝加哥期权交易所；欧洲最大期权交易所是欧洲期货与期权交易所，其前身为德意志期货交易所与瑞士期权与金融期货交易所；亚洲方面，韩国的期权市场发展迅速，并且其交易规模巨大，目前是全球期权发展最好的国家。中国香港地区以及中国台湾地区都有期权交易。

事实上，期货市场要形成一定规模相对来讲比较容易，因为期货的产品相对来说比较简单、品种也比较少；而期权市场的构成因素就复杂得多，因为期权价和期限有各种各样不同的组合，包括各种投资交易策略的组合。比如说，在欧洲美元期权交易中大约有8万种的交易组合。正因为如此，风险实际上是非常大的。这就是为什么美国的期权交易很慢才发展到电子交易，复杂性就是一个重要原因。现在美国的期权交易大部分还是喊叫式交易。而欧洲的期货交易所采取的解决办法是，允许经纪商和客户通过电话或者电子邮件形式进行交易，同时他们把大宗交易的限制放得很低，也就是基本上可以进行场外交易。

期权市场的风险管理是重中之重。当相关标的期权市场出现较大波动的时候，一些下单活动往往变得十分活跃起来，比如说频繁地取消订单、更改订单和重新下单。在这种紧张的环境中，难免会出现投资者在交易时因为无意识地犯一些愚蠢的小错误却继而酿成了大损失的情况。对此，也有独特的措施来避免这类错误的发生。

1．限制下一交易日的权利金价格的波动范围，即期权权利金的波动幅度不能超过该期权的理论价格加 / 减 KOSPI200 指数当日收盘的 15%。

2．限制每单最大交易量，现行规定是投资者在期货交易中每单交易量不能超过 1000 张期货合约，在期权交易中每单不能超过 5000 张期权合约。

3．对期权权利金的变动情况进行限制。（1）为防止价格过分剧烈地波动，把期货合约的价格变动幅度设置为不超过前一交易日期货收盘价的上下 10%。（2）设计一个“断路器方案”，也就是说交易系统在市场价格过热时自动给市场交易加入一个短暂的冷却期间。

4．为防止有人对市场进行恶意操纵，随时监视会员的持仓情况，会员的期货净持仓不能超过 5000 手，但其中不包括套利和经查属实的对冲仓位。

5．在履约结算方面，规定在开始第一笔交易之前，交易者必须首先缴纳一定数额的保证金。之后，在每次下单之前，计算机系统将自动对其保证金进行计算并检查该会员账户是否持有足够的保证金数额。采用的是将期货和期权持仓合并计算的保证金系统。初始保证金为 15%，维持保证金为 10%。

此外，还设有一些违约风险保障措施。一个叫做“联合补偿基金”的机构专门负责为资金紧张的会员提供财务帮助。会员根据其交易量的多少向该基金缴纳一定资金。目前该基金总额已达 8000 万美元。因此，当会员的资金账户出现危机时，他可以从以下途径取得帮助：缴纳给交易所的保证金；存在联合补偿基金中的资金；其他会员存在联合补偿基金中的资金；在交易所缴纳的会员费。

债券市场——做一个优秀的“债主”

债券市场是发行和买卖债券的场所，它是金融市场的一个重要组成部分，尽管我们目前对它的了解并没有股票市场那么深入。一个统一、成熟的债券市场可以为全社会的投资者和筹资者提供低风险的投融资工具；债券的收益率曲线是社会经济中一切金融商品收益水平的基准，因此债券市场也是传导中央银行货币政策的重要载体。可以毫不夸张地说，统一、成熟的债券市场构成了一个国家金融市场的基础。

一、债券市场的分类

1. 发行市场和流通市场

债券市场是由一级市场和二级市场组成的，即债券发行市场和债券流通市场。债券一级市场是指政府机关、金融机构、企业等资金需求者，为筹措资金而发行新债券，透过招投标或通过承销商，将债券出售给投资人所形成的市场，又称为发行市场；债券二级市场又称为流通市场，是指持有已发行债券的投资人出售变现，或从事债券买卖的投资者进行交易的市场。债券发行市场和流通市场相辅相成，是互相依存的整体。发行市场是整个债券的源头，是债券流通市场的前提和基础；发达的流通市场是发行市场的重要支撑，是扩大发行市场的必要条件。

2. 场内债券市场和场外债券市场

根据市场组织形式，债券市场可分为场内债券市场和场外债券市场。场内债券市场是投资者在证券交易所进行债券交易的市场。比如，中国上海证券交易所和深圳证券交易所债券市场属于场内市场；场外债券市场是指不在证券交易所进行债券交易的市场。比如，在中国有银行间债券市场和商业银行柜台债券市场。

二、中国债券市场的格局

中国债券市场目前由全国银行间债券市场、商业银行柜台债券市场和交易所债券市场三个市场构成。

1. 银行间债券市场

自 1981 年中国恢复发行国债以来，债券市场最为突出的矛盾是市场基础设施建设的滞后，内于缺乏统一的债券登记结算系统和有关制度的约束，一些机构出现了开具假托管的凭证、挪用客户债券、买空卖空、质押不足，造成金融体系部分债务链断裂等问题，严重扰乱了金融市场秩序。同时由于股市发展初期的不完善，一部分银行资金通过国债进入股市，缺少风险控制手段。

针对上述问题，借鉴国际经验，财政部和中央人民银行共同认识到建立债券场外市场的中央托管结算系统，是发展健康的国债市场，建立央行货币政策间接调控的传导机制，发展公开市场业务操作，规范市场行为、控制结算风险的重要基础。正是在这样的背景下，经国务院批准，于 1996 年 12 月建立了中央国债登记结算有限责任公司，统一负责记账式国债的登记托管结算业务，1997 年 6 月 6 日各商业银行从交易所撤出，初步形成了商业银行参与的银行间债券市场，主要从事国债与政策性金融债券的回购和现货业务。

全国银行间债券市场自 1997 年建立以来，各主管部门借鉴国际先进经验，始终坚持市场化和规范化的原则，现已基本具备完善的组织体系、庞大的业务规模、迅猛的发展速度、规范的运作机制，不仅具有金融市场的筹资、投融资等一般功能，而且已经成为实施稳健货币政策和积极财政政策的主要场所，也成为社会投资者投资理财的重要渠道；市场中的产品成为金融机构和非金融机构进行资金流动性管理和优化资产结构的重要工具；市场利率特别是国债收益率为我国金融资产的定价提供了重要参考；为各类机构投资者进行资金流动性、盈利性管理和资产负债管理提供了高效的交易平台。与交易所债券市场相比，银行间债券市场具有询价谈判、大宗交易、市场参与者以机构为主等场外债券市场的特点。

目前，银行间债券市场成员涵盖了主要的投资者，包括金融机构、非金融机构法人和个人投资者。金融机构包括小资和外资商业银行、证券公司、保险公司、基金管理公司、财务公司、信用社等，非金融机构法人进入市场只能委托一家具有结算代理资格的商业银行进行债券交易和结算，个人投资者主要通过柜台交易进行债券买卖。

2. 商业银行柜台债券市场

商业银行柜台债券市场是利用银行营业网点的优势，设立在营业柜台面向社会公众投资者（个人或众多企业投资者）办理债券交易的市场。目前，主要包括凭证式国债市场和记账式国债柜台交易市场。

凭证式国债是一种国家储蓄债，是财政部面向个人投资者发行的期限固定、票面利率确定、不可上市交易的债权债务凭证。凭证式国债从投资者购买之日起开始计息，可以记名、挂失、质押贷款，但不能上市流通。持有者可以提前兑付，但必须承受一定的利息损失和交纳一定比例的提前兑付费。可见，凭证式国债并没有形成完整的二级市场。

记账式国债柜台交易市场是指商业银行通过其营业网点与投资人进行记账式国债买卖，并办理托管与结算的市场。该项业务的基本模式是：两级托管，联网运作；柜台发行，报价交易；事后稽核，双重查询。

3．证券交易所债券市场

证券交易所债券市场包括上海证券交易所和深圳证券交易所两个债券市场，投资者实行会员制，市场参与者主要包括证券公司、基金公司、保险公司、企业和个人等投资者。

在两个证券交易所上市的债券有国债、企业债券、可转换债券，目前没有政策性银行金融债券，上市的国债品种也较少。证券交易所实行代理买卖制度，企事业单位要想在交易所市场开展债券业务，应首先在中国证券登记结算有限责任公司开立“证券账户”或“基金账户”，然后通过指定的证券商会员席位办理业务，该证券商席位下的债券包括了券商自营债券和投资者的债券。

在交易时，遵循“价格优先、时间优先”的原则，采用公开竞价的方式进行。证券公司代理客户买卖债券，从中赚取佣金或手续费。投资者在进行债券回购业务时，通过证券商向交易所申报“回购登记”，交易所及中国证券登记结算有限责任公司根据“回购登记”，将该投资者账户于当日交易结束后的实际债券余额，按比例折合成“标准券”，相应记入证券商回购结算主席位的标准债券账户，当日投资者即可通过证券商回购结算主席位将该债券用于回购业务。在进行债券回购业务时，由于各投资者与证券商共同使用同一标准债券账户，增加了投资者的资金风险。

第六章　通货膨胀与通货紧缩的影响

通货膨胀——个人财富增长的劲敌

全球著名的投资商沃伦·巴菲特曾说："通货膨胀是投资者最大的敌人。"

何谓通货膨胀？通货膨胀既是金融理论研究的一个重要问题，也是中央银行对宏观金融管理应关注的现实问题。关于通货膨胀，经济学文献中大多定义为：通货膨胀是指流通中货币量超过实际需要量所引起的货币贬值、物价普遍上涨的经济现象。

何谓货币贬值？货币贬值包含三层基本含义：其一，货币贬值是指单位货币的购买力下降，即本国货币对内贬值。单位货币的购买力下降与物价上涨属于同义语。其二，货币贬值是指本国货币对外汇价的下降，即本国货币对外贬值。在这里，可以把通货膨胀定义为本国货币对外汇价的价格下降。历史上，金本位货币制度下纸币的发行与黄金储备挂钩，如果一个国家货币供给过多，必然引起单位货币所代表的金属货币量降低，则该国货币对外汇价必将下降。

其三，货币贬值是指单位货币所代表的金币价值量下降。货币的法定含金量下降，货币的购买力也会下降。

有一位农民养猪能手，在1985年初，他把一头500斤的猪卖掉，每斤可以卖到1元钱，这位农民就获得了500元的收入，500元在那时是一笔不小的收入。假设这位农民既没把钱存进银行，也没把钱再用于养猪，而是把这笔钱藏在家里某个秘密的地方，留作日后养老之用。

一晃20年过去了，到2005年底，他把20年前藏在家里这笔钱拿出来，这时候他发现，自己辛辛苦苦养猪攒下的500元，现在却只能买到33斤猪肉（按15元/斤计算）。

这位农民纳闷了，百思不得其解："为什么当初500斤的猪，现在只能买回来33斤猪肉呢？"

事实上，不是别的原因，这是通货膨胀产生的效应。

通过计算，这种现象就会看得更加清楚：以一元钱为例，假设每年的通货膨胀率分别为1%、2%、3%、4%、5%五种情况，30年后，货币的购买力分别相当于现在的多少呢？通过计算，或者查阅复利现值表，可以发现，30年前的一元钱分别仅剩下相当于现在的0.74元、0.55元、0.41元、0.31元、0.23元的购买力。

也许有人会说，通货膨胀并不是长期现象，而是阶段性的。其实不然。根据伦敦商学院的统计，从1900年到1999年这100年时间里，美国的年均通货膨胀率为3.2%、英国的年均通货膨胀率为4.1%、加拿大的年均通货膨胀率为3.1%、澳大利亚的年均通货膨胀率为4.0%、德国的年均通货膨胀率为5.2%、瑞士的年均通货膨胀率为2.2%、日本的年均通货膨胀率为7.7%……从100年的历史跨度来看，没有一个国家能够处在零通货膨胀状态。

一、通货膨胀产生的原因

通货膨胀是个侵蚀财富的大问题，物价总水平的持续、全面的上涨，钱越来越不值钱。那么，通货膨胀是怎样发生的呢？一般认为，通货膨胀产生的原因主要有以下三点：

1. 需求拉动

需求拉动的通货膨胀，是指经济发展过程中货币的总需求大于总供给，从而引起的价格水平持续上升。具体来说，需求拉动价格上涨的情况又分为两种：一是现实因素，二是货币因素。

从现实因素看，整个社会都在过度消费、过度投资，财政赤字居高不下。尤其是过度投资，很容易打破货币总需求和总供给之间的平衡，导致价格水平上升。

从货币因素看，货币供应过度会导致经济活动对货币需求大大减少，这时候即使货币供应量没有增长或者增长不多，也会导致原有货币量相对过剩；更不用说货币需求量不变时，货币供给增长过快造成的货币过剩了。而货币供应过度，即会拉动价格上涨。不过，如果投资增长速度与货币总供给增长速度相同，价格依然是可以保持不变的。

2. 成本推动

成本推进的通货膨胀又称为供给型通货膨胀，是由厂商生产成本增加而引起的一般价格总水平的上涨，造成成本向上移动的原因大致有：工资过度上涨；利润过度增加；进口商品价格上涨。

3. 需求和成本混合推进

在实际中，造成通货膨胀的原因并不是单一的，因各种原因同时推进的价格水平上涨，就是供求混合推进的通货膨胀。

假设通货膨胀是由需求拉动开始的，即过度的需求增加导致价格总水平上涨，价格总水平的上涨又成为工资上涨的理由，工资上涨又形成成本推进的通货膨胀。

虽然通货膨胀的原因多种多样，但归根结底是由货币供应量过多造成的，但并不是说货币供应量过多就一定会造成通货膨胀。因为随着生产的发展、商品价值的增加，客观上需要货币量能够保持同步增长。确切地说，没有物价上涨的货币供给过多不属于通货膨胀，没有货币供给过多的物价上涨也不属于通货膨胀。

二、通货膨胀的类型

通货膨胀是一个极为复杂的经济现象，其类型多种多样，而不同类型的通货膨胀对人们生活以及社会经济的影响也不相同。按通货膨胀的程度可分为以下几种类型：

1．温和的通货膨胀。这是一种使通货膨胀率基本保持在2% ~ 3%，最多不超过5%，并且始终比较稳定的通货膨胀。一般来说，如果每年的物价上涨率在2.5%以下，不能认为是发生了通货膨胀。当物价上涨率达到2.5%时，叫做不知不觉的通货膨胀。

一些经济学家认为，在经济发展过程中，搞一点温和的通货膨胀可以刺激经济的增长。因为提高物价可以使厂商多得一点利润，以刺激厂商投资的积极性；同时，温和的通货膨胀不会引起社会太大的动荡。这种温和的通货膨胀能像润滑油一样刺激经济的发展，因此被称为“润滑油政策”。

2．快速的通货膨胀。这是一种不稳定的、迅速恶化的、加速的通货膨胀。这种通货膨胀发生时，通货膨胀率较高（一般达到两位数以上），人们对货币的信心产生动摇，经济社会产生动荡，所以这是一种较危险的通货膨胀。

3．恶性的通货膨胀。恶性的通货膨胀又称极度的通货膨胀或超速的通货膨胀。这种通货膨胀一旦发生，通货膨胀率非常高（一般达到三位数以上），而且完全失去控制，其结果是导致社会物价持续飞速上涨，货币大幅度贬值，人们对货币彻底失去信心。这时整个社会金融体系处于一片混乱之中，正常的社会经济关系遭到破坏，甚至导致社会崩溃，政府垮台。

这种通货膨胀在经济发展史上是很少见的，通常发生于战争或社会大动乱之后。例如在1923年，当时第一次世界大战刚刚结束，德国的物价在一个月内上涨了2500%，一个马克的价值下降到仅及战前价值的一万亿分之一。

总体上看，随着社会的发展，发生通货膨胀是必然的。对于我们普通人来说，没有必要深究其产生的原因，关键是如何应对。以减少压力和损失。

从宏观上来讲，抑制通货膨胀主要是依靠政府进行调控，出台相关的经济政策和措施，例如上调存贷款利率，提高金融机构的存款准备金率，实行从紧的货币政策，包括限价调控令、严禁哄抬商品价格等。

从微观上来说，老百姓自身也可以采取一些措施，以应对通货膨胀。首先要努力工作，多多赚钱，节约开支，以减轻通货膨胀的压力。其次，根据个人情况，可以通过各种投资理财来抵消通货膨胀对财产的侵蚀，但需要针对不同程度的通货膨胀来考虑选择投资理财的工具。

通胀效应——通货膨胀有弊也有利

提到通货膨胀，很多人立刻会联想到物价飞涨，货币贬值，最起码也知道通货膨胀是一种坏的金融现象。其实，通货膨胀确实不好，但也并非一无是处，它既有危害的一面，也有有利的一面，关键在于通货膨胀发生的时间，以及通货膨胀率的高低。

总的来说，对于通货膨胀的利弊争论，主要存在两种截然不同的观点——促进论和促退论，也即通货膨胀的正效应和负效应。

1. 通货膨胀促进论

“促进论”者认为，要刺激经济增长就要增加财政支出，增加货币供应量，政府通过灵活运用膨胀性政策，能够刺激投资与消费，增加有效需求。

第一，通货膨胀的直接表现是货币供给过多，多发行的那一部分直接成为政府的收入，可用于增加投资。而物价上升带来居民持有货币的贬值，此损失被国家占有，这实质上是政府对所有货币持有人的一种隐蔽性的强制征税，又称“通货膨胀税”。如果居民的消费不变或消费的下降小于投资的增加，产出仍能通过乘数效应上升。

第二，通货膨胀具有一种有利于高收入阶层的收入再分配效应。在通货膨胀过程中，高收入阶层的收入比低收入阶层的收入增加得更多。与此同时，高收入阶层的边际储蓄倾向比低收入阶层高，因此，通货膨胀可以提高全社会的储蓄率，促进经济增长。

第三，在通货膨胀的初期，全社会都存在货币幻觉，将名义价格、名义工资、名义收入的上涨看成是实际的上涨。于是劳动者愿意提供更多的劳动，企业家愿意扩大投资，增加雇佣工人，导致就业的增加和产出增长加快。

第四，通货膨胀增加了持有现金的机会成本。由于实物资产和现金余额这两种财富形式之间的替代性，经济单位会增加对实物资产的需求，从而推动投资和产出的增加。

第五，通货膨胀有利于产业结构的调整。通货膨胀引起的物价上涨在各地区、各部门、各行业和各企业之间是不平衡的，各部门的投资规模也会以不同速度增加，全社会的产业结构可以得到局部调整。

2. 通货膨胀促退论

"促退论"者认为，通货膨胀不但会降低商品购买力，导致外汇外流，而且会使得商品价格无法正确反映市场供求关系，甚至引发社会动乱。

第一，在通货膨胀时期，价格上升和工资增加在时间和幅度上都是不对应的，工人可能会通过罢工等方式向政府和资方施加压力。政府从本身利益考虑，可能对某些价格实行行政控制，从而使经济运行缺乏竞争和活跃，价格的信号作用削弱，经济效率下降。

第二，在通货膨胀时期，货币贬值，存贷款风险增大，严重的通货膨胀甚至会导致金融瘫痪。在通货膨胀时期，政府控制名义利率，导致对借贷资金的过度需求，出现对借贷资金实行配给的局面，从而使资金的运用起不到优化配置和加快经济增长的作用。

第三，较高的通货膨胀率会错误地引导资金流向，使一部分资金从生产部门转向非生产部门，对经济长期增长不利。在通货膨胀中，进行投机的商业资本周转快，投机者在交易中可获得丰厚利润，而投入生产领域里的资本，一般周转期较长，结果一部分工业资本从生产领域流向流通领域，进行投机活动，生产资本减少，导致经济衰退。

第四，通货膨胀会降低储蓄。一方面通货膨胀会使人们的实际可支配收入减少，削弱其储蓄能力；另一方面，通货膨胀又会降低实际利率，带来边际储蓄倾向下降，出现消费对储蓄的强迫替代，投资资金减少，生产规模因资本缺乏而缩减。

第五，反复无常的通货膨胀打乱正常的生产秩序，市场不确定性因素加大，增大生产性投资风险和经营风险，打击投资信心，导致投资萎缩，产出下降。

暂且撇开通货膨胀利弊争论不谈，先看一看通货膨胀效应究竟对社会经济产生哪些影响。这也是十分必要的。因为只有更加深入地了解通货膨胀效应，才能灵活地采取相应治理措施。总体来看，通货膨胀效应主要表现在以下几方面：

1．通货膨胀对投入产出的影响

在持续性通货膨胀中，市场价格机制已经不具备原有调节功能，所以，这时候无论投资者还是消费者都很容易作出错误决策。从整个社会角度看，这种错误决策必定会造成全社会的资源利用不合理。并且，通货膨胀会导致货币购买力下降，降低居民实际收入，进而使全社会的储蓄和资金积累下降，这必然会降低对生产经营的投资，导致经济增长率低下。同时，货币贬值会导致人们蜂拥抢购那些能够保值增值的实物资产如黄金、外汇、珠宝、房产等，势必冲击正常的经济活动。

2．通货膨胀对就业的影响

通货膨胀与失业、就业之间的关系常用菲利普斯曲线来表示。

该曲线认为，货币工资增长率与失业之间存在一种交替关系——当货币工资增长率较高时，失业率就低；当失业率较高时，货币工资增长率就低，甚至会是负数。

根据成本推动通货膨胀理论，这里的货币工资增长率就可以看作是通货膨胀率。所以，菲利普斯曲线也可以用来表示失业率和通货膨胀率之间的交替关系——通货膨胀率高，表明经济处于繁荣阶段，这时的失业率低；通货膨胀率低，表明经济处于萧条阶段，失业率也高。

3．通货膨胀对财富和收入再分配的影响

由于社会各阶层的收入来源多种多样，所以不论是否发生通货膨胀，总有一部分人的收入是继续上涨的。但毫无疑问，在通货膨胀条件下，原来签订固定合同的双方都无法预见通货膨胀今后会如何发展，由此必然会导致财富和收入与履行原合同相比发生偏差，从而引发财富和收入的再分配，这就是通货膨胀的收入分配效应。

4．恶性通货膨胀会造成经济、社会危机

当通货膨胀严重到一定程度形成恶性通货膨胀时，这时候就不仅仅是对上述各方面产生正常影响了，而是会造成对整个经济、社会的某种危机了。

例如，最常见的是，恶性通货膨胀会引发突发性商品抢购、挤兑银行风潮；产品销售无法弥补原材料成本，使得正常生产经营难以继续下去；地区之间通货膨胀程度不一，会导致流通秩序发生紊乱；等等。更不用说当形势继续恶化、国民生活水平下降到一定程度时会造成政治动荡了。

综上所述，通货膨胀究竟利大于弊还是弊大于利，看来公说公有理、婆说婆在行。但其前提应该是适度，恶性通货膨胀只能是罪在不赦了。

通货紧缩——经济衰退的“幽灵”

通货紧缩是与通货膨胀相对应的一种经济现象，20 世纪 90 年代中期以来出现的频率非常高，在此之前虽然也在少数国家偶尔出现，但其破坏作用远远没有通货膨胀严重，所以往往不受人重视。

所谓通货紧缩，是指在经济相对萎缩时期，物价总水平较长时间内持续下降，货币不断升值的经济现象。其实质是社会总需求持续小于社会总供给。

对于通货紧缩的涵义，与对通货膨胀一样，在国内外还没有统一的认识，从争论的情况来看，大体可以归纳为以下三种：一种观点认为，通货紧缩是经济衰退的货币表现，因而必须具备三个基本特征：一是物价的普遍持续下降；二是货币供给量的连续下降；三是有效需求不足，经济全面衰退。这种观点被称为“三要素论”。第二种观点认为，通货紧缩是一种货币现象，表现为价格的持续下跌和货币供给量的连续下降，即所谓的“双要素论”。第三种观点认为，通货紧缩就是物价的全面持续下降，被称为“单要素论”。由此可以看出，尽管对通货紧缩的定义存在争论，但对于物价的全面持续下降这一点却是共同的。

一、通货紧缩的类型

通货紧缩类型的划分，对于全面准确地把握通货紧缩的性质、机理，针对不同情况寻找不同的治理对策具有重要意义。按照不同的标准，通货紧缩可以划分为不同的类型，主要有：

1．按照通货紧缩的发生程度，可以分为相对通货紧缩和绝对通货紧缩

相对通货紧缩是指物价水平在零值以上，在适合一国经济发展和充分就业的物价水平通货紧缩区间以下，在这种状态下，物价水平虽然还是正增长，但已经低于该国正常经济发展和充分就业所需要的物价水平，通货处于相对不足的状态。这种情形已经开始损害经济的正常发展，虽然是轻微的，但如果不加重视，可能会有量变到质变，对经济发展的损害会加重。

绝对通货紧缩是指物价水平在零值以下，即物价出现负增长，这种状态说明一国通货处于绝对不足状态。这种状态的出现，极易造成经济衰退和萧条。根据对经济的影响程度，又可以分为轻度通货紧缩、中度通货紧缩和严重通货紧缩。而这三者的划分标准主要是物价绝对下降的幅度和持续的时间长度。一般来说，物价出现负增长，但幅度不大（比如 –5%），时间不超过两年的称为轻度通货紧缩；物价下降幅度较大（比如在 –5% ~ 10%），时间超过两年的称为中度通货紧缩；物价下降幅度超过两位数，持续时间超过两年甚至更长的情况称为严重通货紧缩。

2．按照通货紧缩的产生原因，可以分为需求不足型通货紧缩和供给过剩型通货紧缩

所谓需求不足型通货紧缩，是指由于总需求不足，使得正常的供给显得相对过剩而出现的通货紧缩。由于引起总需求不足的原因可能是消费需求不足，投资需求不足，也可能是国外需求减少或者几种因素共同造成的不足，因此，依据造成需求不足的主要原因，可以把需求不足型的通货紧缩细分为消费抑制型通货紧缩、投资抑制型通货紧缩和国外需求减少型通货紧缩。

所谓供给过剩型通货紧缩，是指由于技术进步和生产效率的提高，在一定时期产品数量的绝对过剩而引起的通货紧缩。这种产品的绝对过剩只可能发生在经济发展的某一阶段，如一些传统的生产、生活用品（像钢铁、落后的家电等），在市场机制调节不太灵敏，产业结构调整严重滞后的情况下，可能会出现绝对的过剩。这种状态从某个角度来看，它并不是一个坏事，因为它说明人类的进步，是前进过程中的现象。但这种通货紧缩如果严重的话，则说明该国市场机制存在较大缺陷，同样会对经济的正常发展产生不利影响。

3．按照通货紧缩的表现方式，可以把通货紧缩分为显性通货紧缩和隐性通货紧缩

界定通货紧缩，在一般情况下可以而且能够用物价水平的变动来衡量，因为通货紧缩与通货膨胀一样是一种货币现象。但是如果采取非市场的手段，硬性维持价格的稳定，就会出现实际产生了通货紧缩，但价格可能并没有降低下来的状况，而这种类型的通货紧缩就是隐性通货紧缩。隐性通货紧缩的存在为我们的判断带来了困难，但并不影响我们以物价水平的变化作为通货紧缩的标准，就像隐性通货膨胀的存在，不影响我们以物价水平作为通货膨胀是否发生的判断标准一样。

二、通货紧缩的危害

长期以来，通货紧缩的危害往往被人们轻视，并认为它远远小于通货膨胀对经济的威胁。然而，通货紧缩的历史教训和全球性通货紧缩的严峻现实迫使人们认识到，通货紧缩与通货膨胀一样，会对经济发展造成严重危害。而且，政策制定者很难防止通货紧缩的发生，或使通货紧缩趋势逆转。

1．加速经济衰退

通货紧缩导致的经济衰退表现在三方面：一是物价的持续、普遍下跌使得企业产品价格下跌，企业利润减少甚至亏损，这将严重打击生产者的积极性，使生产者减少生产甚至停产，结果社会的经济增长受到抑制。二是物价的持续、普遍下跌使实际利率升高，这将有利于债权人而损害债务人的利益。而社会上的债务人大多是生产者和投资者，债务负担的加重无疑会影响他们的生产与投资活动，从而对经济增长带来负面影响。三是物价下跌引起的企业利润减少和生产积极性降低，将使失业率上升，实际就业率低于充分就业率，实际经济增长低于自然增长。

2．导致社会财富缩水

通货紧缩发生时，全社会总物价水平下降，企业的产品价格自然也跟着下降，企业的利润随之减少。企业盈利能力的下降使得企业资产的市场价格也相应降低。而且，产品价格水平的下降使得单个企业的产品难以卖出，企业为了维持生产周转不得不增加负债，负债率的提高进一步使企业资产的价格下降。企业资产价格的下降意味着企业净值的下降，财富的减少，通货紧缩的条件下，供给的相对过剩必然会使众多劳动者失业，此时劳动力市场供过于求的状况将使工人的工资降低，个人财富减少。即使工资不降低，失业人数的增多也使社会居民总体的收入减少，导致社会个体的财富缩水。

3．分配负面效应显现

通货紧缩的分配效应可以分为两个方面来考察，即社会财富在债务人和债权人之间的分配以及社会财富在政府与企业、居民之间的分配。

从总体而言，经济中的债务人一般为企业，而债权人一般为居民，因此，社会财富在债务人与债权人之间的分配也就是在居民和企业之间的分配。企业在通货紧缩的情况下，由于产品价格的降低，使企业利润减少，而实际利率升高，使作为债务人的企业的收入又进一步向债权人转移，这又加重了企业的困难。为维持生计，企业只有选择筹集更多的债务来进行周转，这样企业的债务总量势必增加，其债务负担更加沉重，由此企业在财富再分配的过程中将处于更加恶劣的位置。如此循环往复，这种财富的分配效应不断得到加强。

4．可能引发银行危机

与通货膨胀相反，通货紧缩有利于债权人而有损于债务人。通货紧缩使货币越来越昂贵，这实际上加重了借款人的债务负担，使借款人无力偿还贷款，从而导致银行形成大量不良资产，甚至使银行倒闭，金融体系崩溃。因此，许多经济学家指出，货币升值是引起一个国家所有经济问题的共同原因。

通货膨胀与通货紧缩的区别与联系

一般而言，通货膨胀与通货紧缩是指经济运行中表现完全相反的两种特定的金融现象。两者在诱发因素方面存在不完全相反的地方，因此在治理时所要采取的措施也必然要有针对性，不能简单地用相反的方法予以处理。

鉴于通货膨胀与通货紧缩在社会的一个经济周期中是表现完全相反的两个阶段，两者之间既有区别又有联系，其联系就在于特定条件下的相互转换，即通货膨胀和通货紧缩相互转换。这种状态对社会生活产生了深远的影响：在生产领域危及实体经济的发展；在分配领域进行了一次不公平的物质利益转移；使人们投资、消费的心理预期变得萎靡不振；更重要的是影响到国家的金融稳定和安全。

一、通货膨胀与通货紧缩的区别

1. 含义和本质不同

通货膨胀是指纸币的发行量超过流通中所需要的数量，从而引起纸币贬值、物价上涨的经济现象。其实质是社会总需求大于社会总供给。通货紧缩是与通货膨胀相反的一种经济现象，是指在经济相对萎缩时期，物价总水平较长时间内持续下降，货币不断升值的经济现象。其实质是社会总需求持续小于社会总供给。

2. 表现不同

通货膨胀最直接的表现是纸币贬值，物价上涨，购买力降低。通货紧缩往往伴随着生产下降，市场萎缩，企业利润率降低，生产投资减少，以及失业增加、收入下降，经济增长乏力等现象。主要表现为物价低迷，大多数商品和劳务价格下跌。

3. 成因不同

通货膨胀的成因主要是社会总需求大于社会总供给，货币的发行量超过了流通中实际需要的货币量。通货紧缩的成因主要是社会总需求小于社会总供给，长期的产业结构不合理，形成买方市场及出口困难导致的。

4．危害性不同

通货膨胀直接使纸币贬值，如果居民的收入没有变化，生活水平就会下降，造成社会经济生活秩序混乱，不利于经济的发展。不过在一定时期内，适度的通货膨胀又可以刺激消费，扩大内需，推动经济发展。通货紧缩导致物价下降，在一定程度上对居民生活有好处，但从长远看会严重影响投资者的信心和居民的消费心理，导致恶性的价格竞争，对经济的长远发展和人民的长远利益不利。

5．治理措施不同

治理通货膨胀最根本的措施是发展生产，增加有效供给，同时要采取控制货币供应量，实行适度从紧的货币政策和量入为出的财政政策等措施。治理通货紧缩要调整优化产业结构，综合运用投资、消费、出口等措施拉动经济增长，实行积极的财政政策、稳健的货币政策、正确的消费政策，坚持扩大内需的方针。

二、通货膨胀与通货紧缩的联系

1．二者都是由社会总需求与社会总供给不平衡造成的，亦即流通中实际需要的货币量与发行量不平衡造成的。

2．二者都会使价格信号失真，影响正常的经济生活和社会经济秩序，因此都必须采取有效的措施予以抑制。

三、物价上涨不等于通货膨胀

一般地说，通货膨胀必然引起物价上涨，但不能说凡是物价上涨都是通货膨胀。影响物价上涨的因素是多方面的：

1．纸币的发行量必须以流通中所需要的数量为限度，如果纸币发行过多，引起纸币贬值，物价就会上涨。

2．商品价格与商品价值成正比，商品价值量增加，商品的价格就会上涨。

3．价格受供求关系影响，商品供不应求时，价格就会上涨。

4．政策性调整，理顺价格关系会引起上涨。

5．商品流通不畅，市场管理不善，乱收费、乱罚款，也会引起商品价格的上涨。

可见，只有在物价上涨是因纸币发行过多而引起的情况下，物价上涨才是通货膨胀。

四、通货紧缩对经济发展的影响必须进行具体分析

一般来说，适度的通货紧缩，通过加剧市场竞争，有助于调整经济结构和挤去经济中的“泡沫”，也会促进企业加强技术投入和技术创新，改进产品和服务质量，对经济发展有积极作用的一面。

但过度的通货紧缩，会导致物价总水平长时间、大范围下降，市场银根（金融市场上的资金供应）趋紧，货币流通速度减慢，市场销售不振，影响企业生产和投资的积极性，强化了居民“买涨不买落”心理，左右了企业的“惜投”和居民的“惜购”，大量的资金闲置，限制了社会需求的有效增长，最终导致经济增长乏力，经济增长率下降，对经济的长远发展和人民群众的长远利益不利。由此看来，通货紧缩对经济发展有不利的一面。为此，我们必须通过加大政府投资的力度，刺激国内需求，抑制价格下滑，保持物价的基本稳定。

第七章　谁也逃不脱的金融危机

金融风险——世上没有只赚不赔的市场

金融风险主要是指在宏观经济运行中，由于金融体系和金融制度的问题，金融政策的失误以及经济主体在从事金融活动时因决策失误，客观条件变化或其他情况，有可能使资金、财产、信誉遭受损失的可能性。金融风险客观上会影响宏观经济稳定和协调发展，导致一国国民经济停滞甚至倒退。金融风险主要表现在四个方面：

1．信用风险。信用风险是指借款人或债券发行人不能到期履行债务，偿还借款的风险。其结果就是债权人将遭受部分或全部损失。

2．市场风险。市场风险是指市场利率或价格逆向变化对金融机构的资产净值、收益及整个金融状况的影响。这种风险的影响是以净利润或资产净值的增减来衡量的。市场风险一般包括利率风险、汇率风险和市场价格风险。

3．操作性风险。这是指由于金融机构内部信息系统和内控系统出现问题而使其遭受损失的可能性。这种风险的主要原因是，缺乏严格有效的内控措施，人为的错误造成金融资产损失。

4. 信誉风险。在经济活动中，有许多原因或因素都可能使金融机构的信誉遭受损失。在实际生活中，金融机构违反有关法规，资产质量低下，不能支付到期债务，不能向公众提供高质量的金融服务以及管理不善等，都可能受到社会公众的怀疑和指责，从而带来信誉风险。

在市场经济中，竞争领域的一切活动都附带一定的风险，金融风险表现得尤为突出。经济运行体系可以简单地分成两个部门：实体经济部门和金融部门。在现代经济条件下，不仅实体经济部门中的矛盾会反映到金融部门来形成一定的金融风险，而且金融本身也会由于运行过程中的种种问题而自动生成风险，特别是在各类资产证券化、原生性金融产品衍生化趋势日益加强的情况下，这种虚拟商品的独立运动所生成的金融风险越来越多。从这个意义上说，在一个市场经济体系中，存在着金融风险是正常的、合乎逻辑的现象。

谈到这里，人们不禁会问：既然存在金融风险是十分正常、合乎逻辑的现象，那么，我们为什么又要把金融风险问题提到如此重要的地位并将其作为关系到经济发展和社会稳定的一个关键问题呢？这主要是因为：

1. 金融风险一旦演化成金融危机，不仅会导致经济衰退，而且还会引发社会危机甚至政治危机。从东南亚、俄罗斯、巴西金融危机的教训不难看出，其金融动荡无一不是金融风险长期积聚的结果。

2. 金融风险一旦演化成金融危机，将会导致货币危机。物价上涨、通货膨胀加剧、企业经营成本上升，都会造成货币贬值，而货币贬值的结果必然促使政府大幅度提高利率水平，动用外汇储备。两者相互交织，就会动摇本国货币的内在价值。

3．金融风险一旦演化成金融危机，将会导致贷款危机。金融机构贷款无法按时收，且数量达到一定程度时，金融机构就会减少或停止向外继续贷款，从而使得原有情形进一步恶化。这种情形持续较长一段时间后，就会因为流动性不足形成所谓的“无力偿还”危机。

4．金融风险一旦演化成金融危机，将会导致银行危机。银行是负债经营的典型，银行的资金来源主要依靠吸收存款，如果发生收款人随时随地提取存款的挤兑风波，就很可能会从个别银行波及整个银行系统，产生危机，甚至引发倒闭。

虽然金融风险是正常的、合乎逻辑的现象，但这种正常现象的存在有一个前提，那就是把金融风险控制在一定的范围内，只有这样，才不至于让它“坏了好事”。而要做到这一点，就必须对金融风险进行管理和监管。

金融风险管理是指在金融机构筹集和经营资金的过程中，对金融风险进行识别、衡量和分析，并在此基础上有效控制和处置金融风险，用最低的成本，即最经济合理的方法实现最大的安全保障，规避、化解风险，获得最佳效益的金融活动。具体办法是：首先，要对所面临的金融风险影响程度作出初步评估；然后，对它会造成什么样的影响及其损失范围、程度进行估计和衡量，并作出定量分析；再次，选用合适的策略和工具，如风险回避、风险转移、风险保留、风险防范、风险控制等进行处理；最后，作出有效性评价，并在此基础上进行调整和改进。

金融监管是指政府通过特定的机构（如中央银行）对金融交易

行为主体进行的某种限制或规定。金融监管本质上是一种具有特定内涵和特征的政府规制行为。具体模式有：分业经营、分业监管；综合经营、集中监管；两者兼而有之。综观世界各国，凡是实行市场经济体制的国家，无不客观地存在着政府对金融体系的管制。需要注意的是，金融监管并不能保证金融机构不再发生金融风险、造成金融损失。

结合现实情况我们可以得知，金融机构发生风险所带来的后果，往往超过对其自身的影响。金融机构在具体金融交易活动中出现的风险，有可能对该金融机构的生存构成威胁，而具体某家金融机构因经营不善而出现危机，有可能对整个金融体系的稳健运行构成威胁；一旦发生系统金融风险，金融体系运转失灵，将会导致全社会经济秩序混乱，甚至引发严重的政治危机。

那么，就让我们来看看哪些因素会造成金融风险呢?

1. 经济周期

在经济处于上升时期时，市场沉浸在一片利好的气氛中，所有企业的预期收益都会提高，企业由于竞争压力和追求利润最大化的本性，会利用宽松的信贷环境，增加借款。此时银行也会逐渐放松贷款条件，以求达到“锦上添花”的效果。市场中投机性企业的比重越来越大，潜在的金融风险会逐步积累。经济处于下降期时，企业投资贷款规模缩小、就业减少、通货紧缩，这也会造成金融风险。更不用说经济周期交替出现，对金融活动本身产生干扰了。

2. 成本转嫁

金融是资金来源的第一渠道，许多社会问题依赖金融机构增发贷款来解决。在经济稳定的大背景下，金融机构和国有企业之间的借贷风险就会向金融机构转化，当经济处于下降期的时候，金融体系就成了风险的主要承担者。

3．信息不对称

金融风险形成的内在因素是金融机构与借款企业之间信息不对称造成的。借款企业自知其投资行为所蕴含的风险，而金融机构则不甚了解。当银行无法监测贷款人的投资风险时，银行的预期收益就会下降，平均风险将会上升，这将导致金融资产质量恶化，进而引发金融风险。

4．摩根规则

摩根规则是指金融机构主要根据企业过去的信用记录来决定目前是否贷款，只向后看，不向前看，不太关注企业预期收益。这种规则的根据是历史循环论，假设现在是过去的重复，将来是现在的重复。摩根规则在经济上升时期可能靠得住，然而，一旦经济周期下行，银行原来固守的“安全边界”就变得不安全了。

5．泡沫经济

发展中国家的金融自由化发展，会吸引国外资本大量涌入。企业借入的国外资本如果没有投向生产领域，而是大量投放在资本市场、房地产市场，就可能大大助长泡沫经济的出现，从而引发金融动荡。

在现代市场经济中，金融领域的竞争最为激烈，因而风险程度也最高，没有风险就没有金融活动。因此，想要消灭金融风险是不可能的，但可以在危机尚未发生时，通过一定的方法把它控制在一定的范围内。

次贷危机——都是信用崩溃惹出来的祸

提起次贷危机，无人不晓。从2007年开始，这个名词就频繁出现在各大媒体上。次贷危机让强大的美国陷入了经济危机，在经济全球化的今天，美国经济的变脸牵一发而动全局，也让全球众多国家领教了次贷危机的厉害。

次贷危机的全称为次级房贷危机，是指发生在美国，因为次级抵押贷款机构破产而导致的投资基金被迫关闭，股市震荡反常的危机。次贷危机造成了全球金融市场流动性不足，美国、欧盟、日本等主要金融市场都深受其影响。

次级抵押贷款是一个高风险、高收益的行业，指一些贷款机构向信用程度较差和收入不高的借款人提供的贷款。与传统意义上标准抵押贷款的区别在于，次级抵押贷款对贷款者信用记录和还款能力要求不高，贷款利率相应地比一般抵押贷款高很多。那些因信用记录不良或偿还能力较弱而被银行拒绝提供优质抵押贷款的人，会申请次级抵押贷款购买住房。

一、次贷危机产生的原因

1. 低利率造就楼市繁荣

2000年，美国经济不景气，为拉动经济增长，政府采取了扩张性的财政政策，其中就包括降低利率再配合减税两大措施，鼓励购房，从而为房地产市场带来了一波持续上扬，与之相应的房地产抵押贷款业务也随之蓬勃发展。

在美国，贷款是非常平常的事情，无论是房子还是汽车，信用卡还是电话账单，贷款无处不在。房价的持续走高使得放贷机构和借款人相信，即使出现还贷困难，借款人只需将房屋出售或抵押再融资即可。于是为在激烈竞争中扩大市场份额，获得超额利润，许多贷款机构放低了针对所有借款者的信用门槛，房市严重泡沫化。正是这种盲目追求利润的行为，种下了危机的种子。

2．分期付款利率提高降低住房市场的热度

在美国，最发达的是金融行业，金融衍生品层出不穷。与房地产市场发展并行的，就是资产证券化，任何公司或企业都可以将暂时还不清的债务转化为证券卖给投资者。于是，次级贷款的房贷机构将次级贷款债权转化为证券，再卖给全世界的投资者，把风险转移到市场。为了追逐利润，次贷产品遍地开花，并多次衍生，结果产品过剩，风险开始无限放大。而次级贷款机构为了不让银行看出此中的高风险，花钱供养信用评定机构，轻松地拿到了高等级的信用评级，使银行失去了对风险的敏感性。最终，使得次贷危机不断膨胀蔓延，潜伏在繁荣的经济之下。

从 2006 年开始，随着美国短期利率的提高，次贷还款利率也大幅上升，购房者的还贷负担加重，住房市场明显降温。住房市场的持续降温使购房者出售住房或者通过抵押住房再融资变得困难。当房价突然走低，借款人无力偿还时，如银行收回房屋却卖不到高价，那将不能补偿本金和利息。这种局面直接导致大批次贷的借款人不能按期偿还贷款，进而引发“次贷危机”。

二、次贷危机带来的影响

第一，全球金融市场进入剧烈波动的“多事之秋”。首先，大量房贷机构特别是与美国次贷市场相关的基金陷入困境或破产。据不完全统计，从 2006 年 11 月至 2007 年 8 月中旬，全美 80 多家次贷机构停业，其中 11 家破产，损失高达 1000 亿美元。英国、德国、法国、瑞士、荷兰、日本、澳大利亚等国家的 50 多家银行、对冲基金等受到波及。其次，西方主要金融机构亏损严重，债务大幅上升。受次贷危机影响，全球银行业损失高达 3000 亿～4000 亿美元。美国花旗银行、美国银行、JP 摩根大通银行及高盛公司等大型银行出现了近年来罕见的亏损状况。危机还导致美林银行、花旗银行、美国银行、贝尔斯登资产管理公司、英格兰银行和瑞士银行等美欧金融机构的董事长或总裁辞职。再次，国际金融市场的各领域都出现剧烈动荡，股市、债市、汇市、商品市场无一幸免，并造成了西方信贷市场一定程度的紧缩。2007 年 10 月以来，全球股市出现暴跌，全球股票市值大约损失 7.7 万亿美元。

第二，次贷危机使美国房地产衰退雪上加霜。在次贷危机发生之前，美国房地产业已陷入衰退。到 2007 年第 4 季度，住宅建筑投资已出现 8 个季度负增长。

第三，次贷危机将使美国经济发展进一步放缓。2007 年美国 GDP 增长率从 2006 年的 2.9% 降到 2.2%，其中住宅投资萎缩使 GDP 增长下降近 1 个百分点。

泡沫经济——再绚丽的泡沫终归是泡沫

西方有一句古老的谚语："上天要使人灭亡，必先使其疯狂。"用这句古老的谚语来形容 20 世纪 80 年代的日本经济再贴切不过了。

20 世纪 80 年代后期，日本的股票市场和土地市场呈现出前所未有的火热。在 1985 ~ 1989 年的这段时间，日本股票市场总市值涨了 3 倍，土地价格也接连翻番。至 1990 年时，日本土地总市值竟然是美国土地总市值的 5 倍，但一个现实性的问题是，美国土地面积是日本的 25 倍！日本的股票和土地市场上演着一夜暴富的神话，想发财致富的人们纷纷涌进市场，整个日本社会为之疯狂。

就像股票涨到一定程度必然下跌一样，正当人们沉浸于发财梦中之时，从 1990 年开始，日本的股票价格和土地价格一泻而下，上万家企业关门倒闭，许多人的财富转眼成空。土地和股票市场的暴跌带来数千亿美元的坏账，仅 1995 年 1 月至 11 月就有 36 家银行和非银行性金融机构倒闭，爆发了剧烈的挤兑风潮。极度繁荣的市场轰然崩塌，人们形象地称其为"泡沫经济"。

泡沫经济是相对于实体经济而言的，是指虚拟资本过度增长与相关交易持续膨胀并日益脱离实体资本的增长和实业部门的成长，金融证券、地产价格飞涨，投机交易极为活跃的经济现象。简单地说，泡沫经济是一种虚假繁荣显现，一旦泡沫破灭，将会引发社会动荡甚至经济崩溃。

泡沫经济寓于金融投机。正常情况下，资金的运动应当反映实体经济和实业部门的运动状况。如果金融投机交易过度膨胀，同实体经济和实业部门的成长脱离得越来越远，便会造成社会经济的虚假繁荣，形成泡沫经济。

现代经济的发展使各种金融工具和金融衍生工具应运而生，而金融市场自由化、国际化，使得泡沫经济的发生更为频繁，危害程度更加严重，波及范围更加广泛，处理对策也更加复杂。泡沫经济的根源在于虚拟经济对实体经济的偏离，也就是虚拟资本超过现实资本所产生的虚拟价值部分。

一、泡沫经济形成的原因

1. 宏观环境宽松，流动性资金充裕

商品经济具有周期性增长特点，每当经过一轮经济萧条之后，政府为启动经济增长，常降低利息，放松银根，刺激投资和消费需求。一些手中拥有资金的企业和个人首先想到的是把这些资金投到有保值、增值潜力的资源上，这就是泡沫经济成长的社会基础。可见，泡沫经济都是发生在国家对银根放得比较松，经济发展速度比较快的阶段，社会经济表面上呈现一片繁荣景象，给泡沫经济提供了炒作的资金来源。

2. 社会对泡沫经济的孕育、形成和发展缺乏有效的约束机制

对泡沫经济的形成和发展进行约束，关键是对促进经济泡沫成长的各种投机活动进行监督和控制，遗憾的是社会还缺乏有效监控的手段。发生在投机活动当事人之间的各种交易，是没有一个中介机构能去监控它的。银行只是收付中介，政府则常常被投机交易所形成的经济繁荣假象所迷惑，察觉不到背后隐藏的投机活动，一直到问题积累到相当程度才发现。这是泡沫经济形成的重要原因。

二、泡沫经济与经济泡沫的异同

泡沫经济与经济泡沫既有区别，又有一定联系。

首先我们先来了解两个概念——虚拟资本和实体资本。虚拟资本是指以有价证券的形式存在、能给持有者按期带来一定收入的资本，如股票、公债券、不动产抵押单等；实体资本也称实在资本或现实资本，是指能定期带来收入的以实物形式和货币形式表现的资本。

只要金融存在，金融投机就必然存在，这种金融投机就是经济泡沫。经济泡沫是指经济成长过程中出现的一些非实体经济因素，如金融证券、债券、地价和金融投机交易等，只要控制在适度的范围中，对活跃市场经济有利。经济泡沫是市场中普遍存在的一种经济现象。

当经济泡沫过多，过度膨胀，严重脱离实体资本和实业发展需要的时候，才会演变成虚假繁荣的泡沫经济。如果说泡沫经济是个贬义词，那么经济泡沫则属中性范畴。所以，不能把经济泡沫与泡沫经济简单地划等号。既要承认经济泡沫存在的客观必然性，又要防止经济泡沫过度膨胀演变成泡沫经济。

通常认为，实体资本不会产生泡沫经济，因为这些东西是实打实的东西。但虚拟资本就不好说了，比如股票，同样一只股票如果在很短的时间内就翻了两三倍，甚至更多，同样，又在很短的时间内，跌了一大半，这其中就肯定有泡沫成分。

正是因为泡沫经济总是产生于虚拟资本，所以泡沫经济总是起源于金融领域，发展到后来就形成了金融危机。

经济周期——经济危机间隔来袭的原因

说起2007年发端于美国，后来席卷全球的金融危机，在每个人心中都留下了深深的烙印，因为它对我们的现实生活产生了深远的影响，失业、降薪、股灾、破产等一系列经济和社会问题都是出自于经济危机的手笔。

我们回顾历史，1997年的亚洲金融危机，1929年的金融大崩溃，1837年的经济恐慌，1720年的南海泡沫等，想到这些，很多人一定很诧异，金融危机为何总是间隔性地光顾我们，为什么我们总是逃脱不了金融危机呢？很多学者对这个问题进行分析，发现一个不可忽略的原因就是经济周期。

何谓经济周期？经济周期，也称商业周期、景气循环，它是指经济运行中周期性出现的经济扩张与经济紧缩交替更迭、循环往复的一种现象，是国民总产出、总收入和总就业的波动，是国民收入或总体经济活动扩张与紧缩的交替或周期性波动变化。

经济周期一般分为衰退、谷底、扩张和顶峰四个阶段。

经济波动以经济中的许多成分普遍而同期地扩张和收缩为特征，持续时间通常为2～10年。每一个经济周期都可以粗略地分为上升和下降两个阶段。上升阶段也称繁荣，最高点称为顶峰。经济到达顶峰时，也是经济由盛转衰的转折点，此后经济就进入下降阶段，即衰退。衰退严重则经济进入萧条，衰退的最低点称为谷底。当然，谷底也是经济由衰转盛的一个转折点，此后经济又进入下一个上升阶段。一次完整的经济周期就是经济从一个顶峰到另一个顶峰，或者从一个谷底到另一个谷底。

由此我们可以看到，繁荣的背后必是衰退，而衰退必然伴随着金融危机。这正如著名经济学家约瑟夫·熊彼特的经典总结："经济周期并不像扁桃体那样可以单独摘除，而是像心跳一样，是有机体的核心。"

由于观察尺度和观察角度不同，自19世纪中叶以来，经济学家们提出了不同时间跨度和类型的经济周期理论，其中影响比较大的有以下几种：

1．基钦周期：短周期

基钦周期又名短周期，是1923年英国经济学家基钦提出的一种为期3～4年的经济周期。基钦认为经济周期实际上有主要周期与次要周期两种，主要周期即中周期，次要周期为3～4年一次的短周期。这种短周期就称基钦周期。

2．朱格拉周期：中周期

朱格拉周期是1860年法国经济学家朱格拉提出的一种为期9～10年的经济周期，又称为中周期。该周期是以国民收入、失业率和大多数经济部门的生产、利润和价格的波动为标志加以划分的。

3．康德拉季耶夫周期：长周期或长波

康德拉季耶夫周期是1926年俄国经济学家康德拉季耶夫提出的一种为期50～60年的经济周期，又称为长周期或长波。该周期理论认为，从18世纪末期以后，经历了三个长周期：第一个长周期从1789年到1849年，上升部分为25年，下降部分35年，共60年；第二个长周期从1849年到1896年，上升部分为24年，下降部分为23年，共47年；第三个长周期从1896年起，上升部分为24年，

1920年以后进入下降期。

4. 库兹涅茨周期：另一种长周期

库兹涅茨周期是1930年美国经济学家库涅茨提出的一种为期15～25年，平均长度为20年左右的经济周期。由于该周期主要是以建筑业的兴旺和衰落这一周期性波动现象为标志加以划分的，所以也被称为“建筑周期”。

5. 熊彼特周期：创新周期

1936年，伟大的经济学家约瑟夫·熊彼特以他的“创新理论”为基础，对各种周期理论进行了综合分析后提出了熊彼特周期。熊彼特认为，每一个长周期包括6个中周期，每一个中周期包括三个短周期。短周期约为40个月，中周期约为9～10年，长周期为48～60年。他以重大的创新为标志，划分了三个长周期。第一个长周期从18世纪80年代到1842年，是“产业革命时期”；第二个长周期从1842年到1897年，是“蒸汽和钢铁时期”；第三个长周期从1897年以后，是“电气、化学和汽车时期”。在每个长周期中仍有中等创新所引起的波动，这就形成若干个中周期。在每个中周期中还有小创新所引起的波动，形成若干个短周期。

经济周期的成因，学术界认为有外因论和内因论两种。外因论认为，周期源于经济体系之外的因素——太阳黑子、战争、革命、选举、金矿或新资源的发现、科学突破或技术创新等。内因论认为，周期源于经济体系内部——收入、成本、投资在市场机制作用下的必然现象。当然，经济周期的形成原因是复杂多样的，因此很难从一种理论中寻找到最佳答案。

下篇

金融理财——唯有理财才能生财

理财，是指对个人、家庭财富进行科学、计划和系统的管理、安排。简单地说，就是关于赚钱、花钱和省钱的学问。有句话说“你不理财，财不理你”，这句话反映出了理财对人生的重要性。因此，只有提高自己的理财意识，学会科学管理自己的钱财，才能让钱财为自己的生活更好地服务。

第八章　理财先理观念：脑袋决定钱袋

从思想上彻底摘掉贫穷的枷锁

现实生活中，我们经常听到有人说："唉！没办法，我就是这样的人，这就是我的命了。"他也许没意识到，正是这句口头禅影响了他的一生。总有这样一些人，他们因宿命论的影响，凡事听天由命，最终一生都无法脱离穷人的命运。

在多数穷人的观念中，宿命论的影子非常浓厚，他们相信"富贵在天"之类的消极思想，虽然也有人喊出"王侯将相宁有种乎"，然而那终究不是正常的社会形态，并非正常的人生奋斗。

其实，贫穷本身并不可怕，可怕的是贫穷的思想，是认为自己命中注定贫穷，必须老死于贫穷的这种信念！被人们誉为思想先锋的商海作家陈剑平，在创作的《富穷对话录》一书中这样记述道："人，生而贫穷并无过错，死而贫穷才是遗憾。"

然而，为什么很多人一心致富，却依然一贫如洗、两袖清风？

为什么人与人之间的差异如此巨大？尽管我们也可以找出很多原因，诸如智商、勤奋、出身等等，但贫穷最终都是因为“脑袋贫穷”而造成“口袋贫穷”的。

在今天这个高度发展高度竞争的社会里，每个人每天都在面临新的不同的困难与挑战，每个人也都希望能克服障碍，创造财富，获得成功。殊不知，一些人之所以能够走上富裕的道路，自然少不了勤奋好学的态度和持之以恒的毅力，等等，但更加不可或缺的是拥有富有的思想，一种积极的理财观念，这才是脱离贫穷的制胜法宝。因此，要想让生活变得丰富多彩，首先得更新一下你的头脑，让理财观念根植其中，将“贫穷”从你的人生字典里彻底删除。

成功学的创始人拿破仑·希尔博士说过：“世界上一切的财富和一切的成功都始于一个人观念的转变。”观念的转变有多重要，看过下面这个小故事，你就明白了。

从前，有一位穷人家里十分贫困，经常吃了上顿没有下顿，一家人衣不遮体。

穷人的邻居是一位富人。终于有一天，富人再也不忍心看到穷人的穷酸样儿，动了仁慈之心。富人就想帮助穷人摆脱贫困，走向致富的道路，于是就送给他一头牛。富人还一再地叮嘱穷人要好好的开荒，来年春天在地里撒上种子，秋天就能够有一些收获。如此连续辛勤地耕耘几年，一定会逐渐脱离贫困，摘下那顶贫穷的帽子。

于是，穷人满怀信心地开始了摆脱穷困命运的奋斗。然而，不久穷人就发现，自己以前只要混口饭吃就可以了，而现在比以前还累还穷，因为他平时除了劳动还要给牛打草吃，冬天没有草的时候还要省下口粮给牛吃。因此穷人想，干脆把牛卖掉买几只羊，让羊生小羊，等小羊长大之后再卖掉，这样也可以赚很多钱。

于是，穷人卖掉了那头牛，开始饲养羊，期盼着羊早日繁殖。可是，等待的日子并不好过，而且更加艰难，穷人既要自己吃饭，还要为几只羊的生活忙碌。没有几天穷人就再也忍不住了，杀了一只羊一饱口福。不久，羊被穷人杀的只剩下一只了。穷人想，这样下去还要受穷，不如卖掉羊买几只鸡，毕竟鸡生蛋的速度总是比羊的繁殖速度要快，并且鸡还可以孵小鸡。好日子很快就会降临。

把羊换成了鸡之后，穷人发现日子依然如旧，并没有获得改善。于是他又开始杀鸡吃，这样又过了几天较为舒适的日子。终于在杀得只剩下一只鸡时，穷人感到自己致富的理想已经像那美丽的肥皂泡一样破灭了。穷人灰心地想，致富已经没有任何希望了，还不如干脆一些，卖掉这只鸡，打一壶酒，买点小菜，一醉解千愁。

穷人喝酒的这一天恰恰是惊蛰，他的邻居富人兴致勃勃地为他送种子来了，却发现穷人的院子里空空的，那头牛早就没有了。富人走近穷人那座已经透风的旧房子，发现穷人正在守着一壶酒开怀畅饮。此时穷人早已醉眼朦胧。

富人望着穷人那副醉态，无奈地摇摇头转身走了。后来，富人变得越来越富，而穷人依然穷得那么叮当响。

思想不仅是精神财富，还可以是物质化的有形财富。穷人与富人的区别不是能力，不是机遇，而是一种财富观念。穷人的目光短浅，没有长远的打算，没有改变自己贫穷的思想和决心，更谈不上实施一些脱贫致富的行动。因为套着一副“贫穷”的心理枷锁，当然无法逃脱贫穷的命运。看到这里，我们除了对穷人的做法报以一笑之外，是不是也该检讨一下自己关于理财的一些“枷锁”呢？比如，“理财都是有钱人的事”，“理财的事干脆等以后再说”，“收入还过得去没必要理财”，“太忙根本没时间去理财”……

内因决定外因，外在的钱包鼓不起来，是因为内置观念出了问题，转变自己的理财观念，只有真正对理财“动了心思”，才能挣脱头脑中“贫穷”的枷锁。每个人都要学会理财，只有有了理财的头脑，才能为自己的财富大厦添砖加瓦。

不要跟风，理财是你自己的事

随着中国经济的繁荣，各个行业都得到了快速发展，理财产品也不例外。现在的理财产品及方式很多，甚至让人感到眼花缭乱。有的人会购买基金、投资黄金、投资外汇等，他们凭着与生俱来的模仿能力仿效他人固有的做法，而这种做法是否适合自己却不在他们的考虑范围之内。这就好比是吃饭，每个人的口味不同，点和别人一模一样的套餐，永远也找不到适合自己的口味。

对于理财，不要别人说好就认为是真的好，这是一种非常盲目的从众心理。跟风的人往往没有主见，没有自己的思考，是价值观的一种迷失。这种跟风从众心理从某种角度上讲，会使得人们心里有一种安全感，片面地认为“群众的眼光是雪亮的”。但盲目地跟风往往未必会带来所期望的效益。

孟女士曾于股市弄潮多年，在小有收益时，她选择了“金盆洗手”，全身而退。在 2007 年时，股市的火爆程度超过人们的想象，基金市场也趁机火爆起来。当时有人劝她买点基金，可是鉴于她对基金不甚了解，所以迟迟没有行动。

几个月后的一天，孟女士拿着几万元钱到银行存钱，想为即将高考的儿子提前准备一点儿学费。到了银行一看，有一个窗口排着长长的队伍，其中不乏中老年人。此情此景让孟女士感到有点惊讶，一位热心的大娘告诉她说，这些人都是来买基金的，就连银行的工作人员也说把钱存起来不如买点基金，不会赔钱并且比银行存款利息高。孟女士一看这阵势，不得了啊，连老年人都来买基金了，他们都敢买我还怕什么，于是把心一横站到了队伍当中。孟女士当即开了户，同时心里暗喜，认为自己做了个聪明的决定。

在这之后，定期查看基金净值成了孟女士工作之余的乐趣，看到净值每天一点点上涨，她感觉生活不再枯燥乏味，工作也更加有干劲。终于熬过了三个月漫长的封闭期，当时基金净值上涨了 0.2 元左右，这使她兴奋不已。

然而，时隔不久，风云突变，股市的大幅振荡使得基金净值也在大幅滑坡，孟女士投资几万块钱买的基金不但没有赚到钱，而且还亏了不少。她开始为自己的盲目投资感到懊悔，特别是每次面对儿子的时候，内心更是充满了自责："孩子的学费就这样被我套在了基金上。"

"随大流"和"听别人推荐"是投资行为中很常见的现象，这两种现象可以说是"兵家大忌"，尤其是对于一些新手而言，他们尚未掌握基本的投资知识，只是听别人随口一说，就急于开始投资，并且对周围一些收益较好的投资者、专业证券机构有一种盲目的信任和崇拜心理，这都是非常不理智的。

任何投资行为都存在一定的风险，投资者只有在了解自己、了解市场的基础上才能做出适合自己的投资决策，任何盲目听从他人意见或者“随大流”的行为，非但不能降低投资风险，而且还会给自己的投资带来更大的损失。

不可否认，有部分投资者确实比较懒，自己不去钻研，专门爱打听小道消息，是典型的“墙头草”。建议这样的投资者不妨先从小额付出开始，试试水温，不要全部杀进去。宁可小赚也不要大赔，投资不可冒险，务必给自己留条后路。

19 世纪中叶，美国加州发现了金矿。一时间，大批淘金者蜂拥而至，赶到了加州。当时只有 16 岁的小农夫默亚利也在其中，加入了这支庞大的淘金队伍。

淘金者越来越多，金子自然也就越来越难淘了。当地地处沙漠，生活艰苦，水源奇缺，致使许多淘金者因此丧生。默亚利也被饥渴折磨得半死。

一天，默亚利看着水袋中那点舍不得喝的水，听着周围人对缺水的抱怨，他突发奇想：既然淘不到金子，还不如卖水呢！

于是，默亚利将手中淘金的工具换成了挖水渠的工具，从远方将河水引入水池，再用沙子过滤，成为可以饮用的清水。接着，他就将水灌进水桶，挑到淘金地一壶一壶地卖给了淘金的人。

当时有人嘲笑默亚利胸无大志：“卖水的生意哪里都能做，你何苦跑到这里来呢？千辛万苦来到加州，不就是为了挖金子发大财吗？”

默亚利毫不在意，仍然继续卖水。结果大多数淘金者都空手而归，只有默亚利在很短的时间内赚到了 1 万美元。这在当时可是一笔巨款，开一家银行也只需 2 万美元。

华尔街有一句名言：“行情总在绝望中诞生，在犹豫中发展，在乐观中消失。”市场上群众的反应将会牵动个体，但往往契机却容易被忽略。

投资人务必时常提醒自己，市场景气一直在循环，尤其理财这件事情，不要跟别人比较，重点是能否赢过自己贪婪的心，以及坚持投资的原则，以积极中带有稳健的态度操作，便能稳操胜算。

理财是一场长跑竞赛，于远处着眼，获得成功的几率越高。跟风是投资理财的大忌，要想赚钱，就要改变这种跟风的习惯，以自己清醒的头脑，抓住有利的商机，去做敢于吃螃蟹的第一人！

理财并不是三天打鱼两天晒网

投资理财是每个人、每个家庭的基本需求，如同衣、食、住、行一样重要。人的一生，不管处在哪个阶段，不管是哪种生活需求，都离不开金钱的支撑。放弃理财，也就放弃了成就梦想的重要机会。

或许有人认为，理财是一夜暴富，这种观点是不对的，理财之所以不同于赌博，甚至不完全等于投资就是因为它极具理性，理财是细水长流，是把握生活中的点滴，是将理财的观念渗透于生活中的每一个细胞，是通过建立财务安全的健康生活体系，从而实现人生各阶段的目标和理想。

有个叫哈罗德的犹太青年，最初是一个经营小型餐饮店的商人，可是当他看到麦当劳里面每天人潮如水涌的场面，就敏锐地感觉到那里所隐藏的巨大的商业利润。

他想，如果自己可以代理经营麦当劳，那利润一定是极可观的。

他马上行动，找到麦当劳总部的负责人，说明自己想代理麦当劳的意图。但是负责人的话却给哈罗德出了一个难题——麦当劳的代理需要200万美元的资金才可以。可哈罗德并没有足够的金钱去代理，而且相差甚远。

哈罗德并没有因此而放弃，他决定每个月都给自己存1000美元。于是每到月初的1号，他都把自己赚取的钱存入银行。为了防止自己花掉手里的钱，他总是先把1000美元存入银行，再考虑自己的经营费用和日常生活的开销。无论发生什么样的事情，都一直坚持这样做。

哈罗德为了自己当初的计划，整整坚持不懈存了6年。由于他总是在同一个时间——每个月的1号去存钱，连银行里面的服务小姐都认识了他，并为他的坚忍所感动！

经过多年的坚持不懈，哈罗德已经储蓄了7.2万美元，但是相对需要的200万美元来讲，仍然是远远不够的。于是他去找麦当劳总部的负责人威尔逊先生，诚恳地向威尔讲述了自己的困难，希望能把麦当劳代理权给他做。威尔逊听了他的话，也被他这种执著的精神感动了。为了验证哈罗德所说的话是否属实，他还亲自去银行打听哈罗德的事情。柜台小姐们知道威尔逊的来意后就大为赞叹哈罗德说："那个人真是不简单啊！他每个月的1号都是在中午的时间存入1000美元。6年来，不管是寒冬酷暑、刮风下雨，他都一直这样坚持着，这个人真有毅力。"威尔逊听了，当时就决定把麦当劳的代理权交给哈罗德。就这样，哈罗德开始迈向成功之路，而且在以后的日子里不断向新的领域发展，最终成为一代巨富。

如果哈罗德没有坚持每个月为自己存入1000美元，就不会有7.2

万美元了。如果当初只想着自己手中的钱太微不足道，不足以成就大事业，那么他永远只能是一个默默无闻的小商人。为了让自己心中的种子发芽，哈罗德从1000美元开始慢慢充实自己的口袋，而且长达6年之久，这终于感动了负责人，他也开始了自己的富裕人生。

其实，理财的最佳方式并非追求高超的金融投资技巧，只要你掌握正确的理财观念，并且持之以恒。在理财方面，有三句非常经典的话：每月储蓄30%工资，先储蓄，后消费；投资年回报10%以上；年年坚持，坚持10年以上。最后一条最为关键，一切贵在坚持。

李强的家庭条件较好，一直没有理财的观念，但是自从参加工作遭遇了几次财务危机后，开始意识到理财的重要性，便开始学习理财了。他首先从储蓄开始，每月的工资不再像原来那样有多少花多少，而是在留够生活费的基础上，把一部分钱存入银行。由于过惯了“月光族”的生活，开始进行理财，他真的有点不习惯，不过想想将来的生活，也就没什么了。可是没过多久，李强便开始抱怨：“怎么收益这么慢啊，我什么时候才能攒够买房和结婚的钱呢？还是幸福了自己再说吧！”于是，他又开始了“月光族”的生活。

理财是一个长期的过程，需要决心和毅力，只有坚持下去才能获取最大的收益。理财不应是一时的冲动，而是一个中长期的规划，需要的是正确的心态和理性选择，然后就是坚持，再坚持。

坚持，是一种可贵的品质，也是许多目标的开始。那么，理财与坚持又有什么必然的联系呢？事实上，对于理财而言，时间才是根本，任何一种理财产品都需要有时间的保障，需要坚持。

理财并不是一件困难的事情，而且成功的理财还能为你创造更多的财富，困难的是你自己无法下定决心理财！理财犹如求知，是一条漫漫长路，延及终身。让理财成为一种习惯，一种持续性的行为。

规划目标，追求起来才更有劲

《礼记·中庸》有云："凡事预则立，不预则废。"从小，我们就被教导做事情要有计划，要有目标。这句话用在理财上依然适用。这里所说的理财目标是指建立一个财务安全健康的生活体系，实现人生各阶段的目标和理想，最终实现财务的自由。它的任务是在你的"出发地"即现状与"目的地"即未来的理想和目标之间选择一条到达"目的地"的最佳方式，为自己及家人建立一个安心富足健康的生活体系，实现人生各阶段的目标和理想，最终达到财务自由的境界。

目标，是对未来行事成果的期望，合理的理财目标是理财成功的第一步。在理财规划的目标中主要包含三个层面的内容：

一是安排好当前的生活，将目前的资产和产生的现金做合理的安排和配置，为家庭安排适当的保障，从而使自己和家人能够有一个安心健康的生活方式。

二是为未来的人生目标和理想在财务上做好安排，未雨绸缪。

三是通过理财规划最终建立一个终生的现金流渠道，足以保障自己和家人过上无忧无虑的生活，不用再为金钱而工作，这就是所谓的财务自由的境界。

没有目标就没有规划，就难言结果。那么怎么设置自己的理财目标呢？

开始前，我们需要区分目标与愿望的差别。在日常生活中，我们有许多这样的愿望，比如，“我想退休后过舒适的生活”，“我想孩子到国外去读书”，“我想换一所大房子”，等等。这些只是生活的愿望，不是理财目标。合理理财目标必须具备三个特征：

第一，目标要具体量化可衡量，目标结果可以用精确货币计算。比如，我想 5 年后购置一套 100 万元的大房子。

第二，目标要有可行性，能够达成。理财目标要能够针对收入水平预期和消费水平预期设定，使目标设立在一定基础之上而可达成。脱离实际不可达到的目标等于没设，如目前尚处于“月光族”阶段的工薪白领希望自己明年就能购置一套 500 万的别墅，这个目标与生活脱节只是一个空泛的想象因而没有意义。

第三，目标要有时间性，即要有实现目标的最后期限。比如，我想每月给孩子存 500 元的学费，我想 20 年后成为百万富翁，我想 60 岁后每月领取 3000 元的退休金 25 年。这些具体例子都是清晰的理财目标，具有现金度量和实现时间两个特征。

在了解愿望与目标的差别后，我们可以开始目标的设置了：

首先，列举所有愿望与目标。穷举目标的最好方法是使用“大脑风暴”。所谓大脑风暴就是把你能想到的所有愿望和目标全部写出来，然后按理财期限的长短，可分为长期目标、中期目标和短期目标。

长期目标是指从现在开始，一直到退休或去世前要达到的目标，比如让自己退休后过上高品质的舒适生活等。由于其长期性，就要分期设定，定期修正。中期目标是指 2 到 10 年内的目标，比如用 5

年的时间攒足够的钱支付购房首付等。短期目标则指一年内的目标。一般地讲，一旦确定了长期目标，中短期如何安排就会相当清楚了。

其次，筛选并确立基本理财目标。审查每一项愿望，并将其转化为理财目标。其中有些愿望是不太可能实现的，就需筛选排除，例如：我想 5 年后达到李嘉诚的财富级别，这对许多人来说都是遥不可及的，所以也就不成其实际可行的理财目标。把筛选下来的理财目标转化为一定时间实现的、具体数量的资金量。并按时间长短、优先级别进行排序，确立基本理财目标。所谓基本理财目标，就是生活中比较重大的，时间较长的目标。如养老、购房、买车、子女教育等。

最后，目标分解和细化，使其具有实现的方向性。制定理财行动计划，即达到目标需要的详细计划，如每月需存入多少钱、每年需达到多少投资收益等。有些目标不可能一步实现，需要分解成若干个次级目标。设定次级目标后，你就可知道每天努力的方向了。所以目标必须具有方向性。

理财目标越清晰，就越容易找到努力的方向和动力，从而使得目标的实现更加具有可操作性。因此，在制定出各个阶段的理财目标后，还可以按照时间顺序和重要程度等进行排序和取舍，分清楚哪些是生活里“确实需要”的，哪些只是自己“想要”的，哪些是重要紧急的，哪些是次要不紧急的，等等，让理财目标有步骤有计划地安排和执行下去。当然，不管理财规划有怎样的调整，都是服务于自己所设定的理财目标，都是为了早日拥有属于自己的美好生活。

无论有钱没钱，都要配置资产

资产配置，简单地说，就是要把钱放在对的地方。至于如何把钱放在对的地方，就必须考虑三个层次：第一个是对的资产比例；第二个是放在对的市场；第三个则是在对的时机投入资金。

根据研究报告显示，真正左右财产收益状况的关键，资产配置所占比例高达 91.5%。因此，了解资产配置的重要性与如何做好资产配置十分必要。

资产配置是个人理财规划的关键所在，又被称作理财的精髓。人在不同的生命周期和不同时期，对财富会有不同的需求，这就要求我们在规划理财投资的时候，把资产科学、合理地配置到不同的理财渠道及产品上进行投资理财，只有这样，才能使财富不断满足各个时期的需求。

有理财师为我们提供了一些简单易行的资产配置方法，比如"4321"法则，就是收入的 40% 用于供房和其他方面的投资，30% 用于家庭生活开支，20% 用于银行存款以备应急之需，10% 用来购买保险。这是一种稳扎稳打型的资产配置方式，适用范围很广。当然，不同类型的人有不同的资产配置方法，不能一概而论。

话说回来，资产配置为什么这么重要呢？简单来说，主要有以下几方面的原因：

1. 人生是一场没有彩排的演出

生命之所以珍贵，是因为它对于每个人来说只有一次。因此，不管你有钱没钱，你只有一次机会来演绎你的人生。假如你的某个时期没有做到最佳的资产配置，那你只有后悔的份儿了，因为这一时期永远都不会重来。所以，资产配置很重要。

2. 交易成本的存在使过度分散的资金效率降低

大家都明白，资金的分散使用可以降低单个资产出问题的风险，但资金分散有一个很大的弊端，就是配置任何资产都有成本，如果配置的种类多了，交易成本也会随之上升，这样一来，资产效率就会大打折扣。举例来说，我有10万元现金，如果只拿1万元来炒股，只能按照正常佣金、费率交易；而如果全部拿来炒的话，找个熟人没准儿还能打折扣。所以，对于资产有限的投资者，资金太过分散会降低收益。

3. 资产配置不但具有科学性，更具艺术性

即便懂得配置的重要性，谨小慎微，也不见得就能做好配量。因为资产配置更像是一门艺术，并不是懂得越多，配置得就越好。举个例子：某人花了20万在2004年买了一套住房，2006年卖掉房子买股票，2007年卖掉股票，2008年底再买房或股票，这位理财达人的资产至少能翻一番；若是反过来，2004年买股票，2006年卖掉买房，2007年底卖房买股票，2008年底再把股票卖掉，那估计他现在连吃饭问题都难以解决了。

资产配置虽然是一门艺术，但要做好也不是无章可循，若要合理配置资产，在投资理财过程中不妨遵循以下三个原则：

（1）安全性

无论投资何种产品，都要遵循安全性第一的原则。进行投资理财的目标是使个人或家庭财务保持健康良好的状况，并且要做到保证日常生活所需的同时争取获得更大收益。在这样的要求下，资产的安全性是保证各项目标任务实现的基础。

(2) 流动性

我们都是凡夫俗子，既免不了生老病死，同样也需要吃穿住行，所以在进行资产配置的时候要做到既保证现在又兼顾未来，以防出现紧急情况时措手不及。现金以及容易变现的资产配置要有一定比例，教育、住房、养老要尽早规划，保险也是不可或缺的一项家庭投资理财方式。

(3) 收益性

普通百姓之所以积极参与投资，就是为了获得收益，让以后的生活更加有保障。因此在资产配置过程中，必须坚持高风险理财产品与风险极低的理财产品相结合的原则，坚决避免为了追求高收益而置风险于不顾的资产配置方式。

享誉欧洲的投机大师科斯托兰尼曾说："有钱的人，可以投机；钱少的人，不可以投机；根本没钱的人，必须投机。"我们大多数的人都属于"钱少"的人，虽不至于一贫如洗，但一分一毫都要花在刀口上，根本没有本事目空一切地豁出去，所以对于净资产不多的我们而言，更需要谨慎投资，多多利用资产配置的诀窍，让我们的资产可以更稳定地成长。

人生阶段不同，理财要变化

理财是一生都需要的财产规划，不同人生阶段，个人或家庭的理财需求不同，投资的侧重点也不同。每一个人生阶段都会面临各种机遇和挑战，理财应根据不同人生阶段进行不同的规划，这样才能积累财富，追求更有品质的生活，满足不同时期需求的同时保障个人或家庭正常生活。

理财也会有风险，我们应该在进行资产保值增值投资前，有必要先盘算一下自己承担风险的能力。因为任何人在承受风险时都有一定的限度，超过了这个限度，风险就会变成负担或压力，可能就会对我们的心理、健康、工作甚至家庭生活造成伤害。

由于人生不同阶段个人的净资产和风险承受能力存在变化，因此投资策略在其整个生命周期内也要相应地随每个人的风险承受能力、投资偏好与家庭财务情况的不同而变动。

第一阶段：意气风发的单身贵族

理财重点：这一阶段的主要人群是大学在校生以及刚踏入社会的单身青年，年龄约为 20 ~ 25 岁之间。人群特征主要表现为年轻、有活力，文化水平较高，对新生事物有浓厚的兴趣，追求时尚。该时期没有沉重的家庭负担，主要考虑为未来准备较多的流动性基金。所以，理财重点是要努力寻找一份高薪工作，积累资金，不过，也可以拿出小额资本进行高风险投资，以积累投资经验。当然，储蓄才是关键。此外，还要为自己购买意外伤害保险，目的是为了万一有意外发生时，能够为个人生活提供保障。

投资建议：可将积蓄的 50% 投资于风险大、长期回报的股票、基金等金融品种；20% 选择定期储蓄；20% 投资于债券和保险；10% 存为活期储蓄，以备不时之需。

第二阶段：甜蜜温馨的二人世界

理财重点：这一阶段的主要人群是宝宝尚未诞生的新婚夫妇，

年龄约为 25 ～ 30 岁之间。即从结婚到宝宝诞生，二人世界就此结束。人群特征主要表现为经济收入稳步增加，生活较稳定。这一时期是家庭消费的高峰期，往往需要支付较大的家庭建设费用。理财重点应放在合理安排家庭建设的费用支出上，稍有积累后，可以选择一些比较激进的理财工具，以期获得更高的回报。

投资建议：可将积累资金的 50% 投资于股票或成长型基金，但要注意严格控制风险；35% 投资于保险和债券；15% 留作活期储蓄。

第三阶段：充满希望的三口之家

理财重点：这一时期是指从结婚开始至子女独立工作之前的时期，年龄约为 30 ～ 45 岁之间。人群特征主要表现为在经济上、生活方式上都趋于稳定，对未来的生活安排和人生目标也有较为清醒的认识。此时，家庭最大开支是子女教育费和保健医疗费等。随着子女的自理能力日渐增强，年轻的父母精力充沛，时间相对充裕，在投资方面可考虑以创业为目的，或者进行风险投资。

投资建议：可将资本的 30% 投资于房产，以获得长期稳定的回报；30% 投资股票、外汇或期货，但要注意严格控制风险；30% 投资银行定期存款及保险；10% 是活期储蓄，以备家庭急用。

第四阶段：硕果累累的流金岁月

理财重点：这一阶段的主要人群为中老年人士，指子女独立工作到夫妻退休为止这段时期，年龄介于 45 ～ 60 岁之间。人群特征表现为收入水平达到人生的最高峰，消费支出大幅减少，降至最低水平。这一时期，由于自己的工作能力、工作经验、经济状况已达到最佳状态，加上子女开始独立，家庭负担逐渐减轻，因此，最适合积累财富，理财重点应侧重于扩大投资。但由于已进入人生后期，万一风险投资失败，就会葬送一生积累的财富。所以，不宜过多选择风险投资的方式。保险是比较稳健和安全的投资工具之一，虽然回报偏低，但作为强制性储蓄，有利于累积养老金和资产保全，是比较明智的选择。

投资建议：将可投资资本的50%用于股票或同类基金；40%用于定期存款、债券及保险；10%用于活期储蓄。但随着退休年龄逐渐接近，用于风险投资的比例应逐渐减少。在保险需求上，应逐渐偏重于养老、健康、重大疾病险。

第五阶段：闲适淡定的夕阳时光

理财重点：这一阶段的主要人群是退休后的老年人士，年龄为60岁以上。孩子已完全独立，正是享受一生耕耘成果的时候。此阶段人群的财务特点是：收入下降，消费支出增加，财务上表现得较为保守。由于已不再工作，加之身体状况不断衰退，所以承受风险的能力已下降为最低水平。所以，理财原则应以身体和精神健康为主，以安度晚年为目的，财富次之。适宜选择比较温和保守型的投资风格。

投资建议：将可投资资本的10%用于股票或股票型基金；50%投资于定期储蓄或债券；40%进行活期储蓄。对于资产比较丰厚的家庭，可采用保险合同节税避税，保全其已拥有的财产，把财产有效地交给下一代。

总之，如果能够充分了解自己的财务状况和风险承受能力，量体裁衣，每个人生阶段制定综合的财务安排和社会责任的分担，积极付诸实施，一定能达到财务自由的境界，彰显“金彩”人生。

第九章　金融资本投资：让财富滚雪球

储蓄生利稳中求，恰似江河水长流

储蓄指的是个人货币收入减去消费支出后存入银行的存款部分。它事实上是一种最传统、最普通、最稳妥的投资理财方式，因为储蓄和其他投资理财工具一样，同样具有获利性、变现性和安全性。

但随着经济的发展，各种理财工具如基金，股票和外汇等已被大众所接受和使用，而储蓄这种最原始的投资理财方式似乎被人们所忽视。储蓄的操作方式简单易行，对普通投资者而言，它也是一种最具可操作性的投资方式。如果能够根据不同人生阶段所面临的不同收入特点和风险承担能力适当地调整储蓄策略，不仅可以使其较好地满足人们的流动性需求，而且还可以获取令人欣喜的收获。

银行储蓄是个人理财的第一步。个人在进行其他投资之前，必须进行储蓄。常识告诉我们，如果缺钱，办法只有一个，那就是把挣来的钱先储蓄起来，等攒够后才能实现自己所制定的财务目标。

为了维持正常生活的需要，以及应对一些突发事件对个人收入所造成的影响，需要对现金进行必要的储蓄规划与管理。虽然在通货膨胀的时代，储蓄存款从长期来看将会面临资产贬值的风险，但日常生活中的中短期需求总是存在的，因此，储蓄是一种伴随终生的、不可或缺的理财方式。储蓄投资具有以下四个优点：

1. 安全感最高

储蓄是人生幸福的基本保障，是个人投资理财工具中最让人放心、最能带来心理安全感的投资理财方式。在日常生活中，如果有一大笔储蓄存款放在银行里，不仅能够使我们放心大胆地消费和投资，而且还能够保证本金的安全并且获得利息，不会出现像股票等收益性投资那样发生初始投入资金严重亏损的情况。储蓄这一心理安全的砝码能够为投资者管理自己的投资组合提供信心和必要的投资本金。

2. 风险最低

尽管目前存款利率较低，但是与风险日益增加的其他投资理财产品相比，储蓄的低风险性和稳定收益性优势仍然十分明显。在整个金融市场低迷的时候，投资者往往不得不卖掉手中持有的股票、基金等资产，但储蓄仍然可以获得稳定的存款利息。一方面，储蓄的低风险特性无疑为希望获得平稳收益的保守型投资者提供了一种较佳的投资选择。另一方面，储蓄投资省心省事，较适合那些没有太多精力紧盯市场的投资者。

3. 流动性高

储蓄投资不仅安全可靠，而且还可以及时兑现，具有很高的流动性。在日常生活中，储蓄的高流动性有助于为应对生病、受伤、灾害等各种突发事件提供及时的应急资金。在进行投资时，储蓄的高流动性能够帮助投资者根据市场变化迅速地调整自己的资产配置比例，以便抓住市场中可能出现的稍纵即逝的投资良机。活期储蓄适用于日常生活的开支，灵活方便，没有条件限制，随时可以变现。即使是定期存款，只要有资金需要，就可以随时支取，只不过需要承担提前支取定期存款所引起的利息损失。

4. 是其他投资的基础

储蓄是投资理财中的资金中转站。投资的必要条件是拥有一定的资本积累，而投资者的储蓄总额、期限、种类是衡量资本积累的重要标准。储蓄能缓冲财务危机，并且能为实现未来的财务目标提供积累资金的工具。各种大型投资计划如购房置业、教育深造都需要通过储蓄这一蓄水池式的理财方式来达到。总之，通过符合自身需求的储蓄计划和管理，投资者能够以一种细水长流式的平稳心态来实现自己的财务目标。

储蓄作为最普通的保守理财方式，最重要的就是为了获取利息收入。可能你会认为只要把钱存在银行里就可以了，根本不需要什么专业投资知识，确实，相对于其他投资理财方式，它是最简单的，但简单的东西也蕴涵着一定的学问。如果了解其中的细节和技巧将使你的储蓄理财更上一层楼。俗话说，“莫以善小而不为，莫以恶小而为之”，理财的道理也是同样的。不同的储蓄，从总体看收益差别都不很大，但重要的问题是不应白白损失自己应当取得的收入，这是理财的基本原则。所谓“聚沙成塔，集腋成裘”，从小处着手，让你利滚利，真实体会“钱生钱”的滋味。

储蓄投资的策略五花八门，丰富多彩。按储蓄的期限来划分，一般可分为如下几种投资策略：

1. 活期储蓄投资策略

（1）定活约定转存法。如果对未来资金的支取时间或数量不太确定，可以尝试使用定活约定转存法。具体方法是，存款人在银行设置一个转存账户和转存起点。转存期可以选择三个月、半年、一年等。各档定期存款的期限不等，但无论采取哪一档定期存款期限，其利息收益都要比活期利息收益高出很多。

（2）活期打新股法。活期储蓄的另一种投资策略是把钱存在银行指定的账户上，交给银行集中资金打新股。这种方法具有以下四点优势：首先，没有本金和利息损失，是一种零风险的投资方式；第二，不改变活期存款的性质，除了两三天资金冻结期外，投资者可随时把资金取出来，不影响投资者的用钱计划；第三，能够为投资者带来更多的投资收益，一旦打新股中签，那投资者就可以把几年的活期存款利息都赚回来；第四，比起投资者个人打新股，银行集中大笔资金打新股的中签率要高得多。储户的活期金额越多，中签的机会越大，即使单笔金额不大，如果活期储户们联合起来，也会是一股相当可观的力量。

2. 定期储蓄投资策略

（1）利滚利储蓄法。利滚利储蓄法是一种将存本取息与零存整取两种储蓄方式相结合的投资策略。具体实施加下：一笔5万元的资金，用定期存本取息方法存入银行，一个月后取出存本取息储蓄中的利息，用该月的利息再开一个零存整取的账户。以后每月把存本取息账户中的第一次利息取出作为本金存入零存整取的账户，以获得第二次利息。这样，一笔钱就能取得两份利息，即5万元资金的定期利息和零存整取的利息。

（2）十二张存单法。十二张存单法是指每个月固定存入1张一年期的存单，12个月就有12张存单；一年后每个月都有1张存单到期，这样既保证固定利率，又可以满足家庭开支的流动性需求。如果存单到期不用，还可以继续定期滚存。这样不但能够享受比活期高的利率，还可以为其他投资方式提供定期的流动资金。

（3）阶梯存款法。阶梯存款法是将现有的储蓄资金均分。分别按不同的年限形成阶梯形的定期存储。例如5万元的资产，分为均等五份1万元，分别按1、2、3、4、5年定期存入这五份存款。一年过后，把到期的一年定期存单续存并改为五年定期；第二年过后，则把到期的两年定期存单续存并改为五年定期，以此类推；五年后5张存单都变成五年期的定期存单，而且每年都会有一张存单到期。这种储蓄方式既方便操作，又可以享受银行最长的五年定期的最优惠储蓄利息。

（4）分散储蓄法。分散储蓄法是指将储蓄的资金分成若干份，存成几张单子，而且也可以设置不同的存款期限。比如储户有10万现金进行储蓄，可以用其中的2万元存活期，作为生活备用金，随时支取；另外8万元可以分成四份，存三份2万元一张的一年期存单，再用剩下的2万元存一张两年期的存单，并且在存款时设置成到期自动转存。若碰到紧急情况需要用钱，可提前支取一张存单，其他存单的利息不会受到影响。这种方法比较灵活自由，对存款期限、存款份额和是否滚动续存都没有严格要求。

（5）自动转存法。定期自动转存法是指，储户与银行约定在定期储蓄到期日如果没有取出的话，银行就会自动将利息和本金一起按原来的定期存期转入下一个存款周期，无需储户亲自办理。转存次数不受限制，续存利率则按照转存日的同档次定期储蓄利率执行。续存后如不足一个定存期，储户要求支取存款，续存期间按支取日的活期利率计算该期利息。

（6）教育储蓄法。教育储蓄不仅能为子女将来的大学教育支出做好提前规划，还能享受税收优惠。教育储蓄的开户对象是在校小学四年级或四年级以上的学生。一般来说，6 年期教育储蓄适合小学四年级以上的学生；3 年期教育储蓄适合初中以上的学生；1 年期教育储蓄适合高二以上的学生。巧用教育储蓄应把握两点技巧：第一，尽可能选择最高的约定金额，以便获得最大的利息和免税优惠。按政策规定，容许两次存入 2 万元，可约定每次存入 1 万元。约定多次存款时，也尽可能提高存款金额。第二，尽可能选择 3 年期或者 6 年期的存期，可以最大化地享受免税和零存整取按整存整取的优惠政策。

3. 定活两便储蓄策略

（1）通知存款法。通知存款是一种不约定存期、支取时需要提前通知银行、约定支取时间和金额方能支取的存款方式。这种存款方式比较适合于手头有大笔资金准备用于近期（3 个月以内）开支的储户。很多银行对通知存款进行复利计算，分别以定存一天和七天记一次复利。以 100 万元存三个月为例，如果存活期，以 2007 年 9 月的活期利率 0.81%计算，三个月的利息收益为 2025 元；如果存七天通知存款，以 1.71%计算，即便不考虑复利，也会获得 4275 元的利息收益。这样，后者的利息收益是前者的两倍多，更为划算。

（2）住房储蓄法。住房储蓄是专项存款，其目的是为了让储户获得利率特别优惠的住房贷款。住房存款利率固定不变，不受资本市场利率波动的影响。储户签署了住房储蓄合同后，只要按合同约定存够最低存款额并存足一定期限。在同意接受配贷以后，住房储蓄银行将会将客户的住房储蓄存款和贷款一并发放给客户。这样，在贷款阶段开始时，客户即可获得合同约定的融资额度。

在储蓄方面，约翰·戴·洛克菲勒也曾提出这样的忠告：储蓄是非常重要的，如果没有一定的储蓄，我们的很多计划都将毫无意义。机会存在于各处，但只提供给那些手中有余钱的人，或是那些已经养成储蓄习惯的人。总之，每一个成功的理财者都是从储蓄开始的。从现在开始储蓄吧。

保险好似雨中伞，关键时刻解烦忧

常言道："天有不测风云，人有旦夕祸福。"在现实生活中，人们无法完全回避风险，无论多么小心谨慎，怎样事先防范，总是有潜在损失和发生意外事故的可能性，因此，自古以来人们总会寻求各种方法来对付风险，保险就是其中最有效的一种。

谈到保障性投资，人们首先想到的就是以保障为本质功能的保险。虽然市场上很多理财工具都有可能获得高于保险的投资收益，但唯有保险的保障功能却是独一无二、无可替代的。保险的保障功能表现在人身保障和资产保障。人身保障是指对因疾病或者意外等原因造成的死亡、伤残、医疗费用以及收入中断时给予的经济补偿，而资产保障是指对因意外所引起的财产损失的补偿。当人们生活出现各种不确定风险时，保险由于其保障功能更加彰显其在个人理财中的重要地位。

所谓保险投资，是指投保人与保险公司签订保险合同，保险公司通过收取保险费的形式建立保险基金，用于补偿因自然灾害或意外事故所造成的经济损失，或在人身保险事故发生时（如被保险人死亡、伤残、疾病）或者达到人身保险合同约定的年龄、期限时，承担给付保险金责任的一种经济补偿制度。作为以保障功能为本质的保险产品，个人投资者可用它们以应对各种风险，保障资产安全，因此保险无疑是投资者最主要的保障性投资渠道。与其他投资形式相比，保险投资具有以下五点优势：

1. 保障财务安全及家庭生活

个人或家庭遭遇的财务危机既有“外因”，又有“内因”。经济大环境的变动是导致个人家庭财务状况面临危险的“外因”，如全球性金融危机，一般来说，遭遇了就只能积极应对，却无法避免；而个人生活中存在的种种不确定因素所可能带来的危险则是“内因”，一般可以投保相应的保险，把损失转嫁给保险公司，这是规避风险保障财务安全和家庭生活的一种最方便、最有效手段。

2. 兼顾安全性与收益性

保险除了最为本质的保障功能外，还兼顾了保险投资的收益性，如分红寿险，万能寿险和投资连接保险不仅仅对被保险人提供保障，还具有资产增值功能。其中，投资连接保险能兼顾各种投资风险及收益偏好，客户可以根据个人喜好来选择调整投资账户。投资型保险在确保保障性的基础上，还具有相当可观的收益性。

3. 节税和保全财产

保险产品具有较好的节税和保全财产的功能。首先，养老保险金、失业保险金和医疗保险金等都是免征所得税的；第二，分红保险所分派的现金分红也是免税的；第三，企业为员工支付的保险费不仅可以税前列支，而且员工在未来领取保险金时也不用上交个人所得税；第四，由于保单是不能被冻结或拍卖的，即使投资者由于资不抵债而申请破产，其保单也不会进入资产抵债程序，因此保险具有保全财产的功能。最后，各种人寿保险赔付也可以享受豁免遗产税的优惠。

4. 融资功能

保险投资除了能够提供保障和收益以外，还可以在紧急情况下及时提供流动性。首先，我国保险法明文规定了保险的“现金价值不丧失”性质，即使已经与保险公司签订了合同，投保人仍然有权利中止合同并获得保费的退回。此外，一般的保险合同还允许投保人以退保金的 90% 申请保单质押贷款。当投保人急需资金周转时，可以利用这种贷款来获得及时的流动性。但是，投资者需要注意在利用保单质押贷款时贷款的本金和利息不能超过保单的现金价值，否则保单将会永久失去效力。

5. 应付重大风险

与其他投资方式相比，保险在应付如死亡、伤残和重大疾病等重大风险上更具有优势。一方面，一些消费型保险如定期寿险、财产保险和重大疾病保险等，投资者只要支付少量的保费，一旦发生保险事故，其经济回报率非常高，远远超过所缴保费的保险赔付，甚至远高于收益性投资工具如股票等。另一方面，储蓄型保险具有强制性的储蓄功能，能确保在重大风险发生时及时提供保障赔付。虽然其他投资方式如储蓄和股票也能够在重大风险发生时提供部分经济保障，但这些投资具有很大的不确定性，容易被投资者挪作他用、随意花掉或者招致投资亏损。

保险是现代家庭投资理财的一种明智选择，是家庭未来生活保障的需要。购买保险要根据自己的经济实力，选择最适合自己的保险项目及保险金额。

1. 明确投保的目的，选择合适险种

在准备投保之前，投保者应先明确自己的投保目的，有了明确的目的，才能选择合适的险种，是财产保险还是人身保险，是人寿保险还是意外伤害保险。为了自己退休有保险，就应该选择个人养老保险；为了将来子女受到更好的教育，就要选择少儿保险等。总之，要避免因选错险种而造成买了保险却得不到预期保障的情况出现。

2. 量力而行，确定保险金额

一般来说，财产保险金额应当与家庭财产保险价值大致相等。如果保险金额超过保险价值，合同中超额部分是无效的；如果保险金额低于保险价值，除非保险合同另有约定，保险公司将按照保险金额与保险价值的比例承担赔偿责任或只能以保险金额为限赔偿。

如一台电视机的价值 4000 元，投保人投保的保险金额却是 5000 元，那么超过的 1000 元无效，一旦保险事故发生，保险公司最多也只是支付 4000 元。

人身保险的保险金额一般由投保人自己确定，有的可以投保多份，投保人必须考虑自己的支付能力，不能为追求高额保险金而不考虑自己的经济能力。否则，一旦出现不能承担保险费的情况，不但保险成了泡影，已缴的保险费也将蒙受很大损失。

3. 保险期限长短相配

保险期限长短直接影响到保险金额的多寡、时间的分配、险种的决定，直接关系到投保人的经济利益。比如意外伤害保险、医疗保险一般是以一年为期，有些也可以选择半年期，投保人可在期满后选择续保或停止投保。人寿保险通常是多年期的，投保人可以选择适合自己的保险时间跨度、缴纳保费的期限以及领取保险金的时间。

4. 合理搭配险种

选择人身保险可以在保险项目上进行组合，如购买一个至二个主险附加意外伤害、疾病医疗保险，使保障性更高。在综合考虑所有需要投保的项目时，还需要进行全面安排，应避免重复投保，使投保的资金能够发挥最大作用。例如因工作经常出差的人，就应该买一项专门的人身意外保险，而不要每次购买乘客人身意外保险，这样不但可以节省保费，而且在其他情况下所出现的人身意外，也会得到赔偿。如果你正准备购买多项保险，应当尽量以综合的方式投保。因为，它可以避免各个单独保单之间可能出现的重复，从而节省保险费，得到较大的优惠。

投资理财必然面对收益与风险的矛盾，收益越大，风险越大。因此，既要敢冒风险，追求收益最大化，又要时刻防范风险，确保资金安全。

总之，保险是风险性最低的投资工具。目前很多险种具有增值性质，即投保后不但可获得保障，同时保费在保险公司的运作下还可坐收红利，这种保险的商业性增强了其投资价值。保险是晴天备伞，未雨绸缪，只有今天预备明天，才是稳健人生！

债券定期付利息，犹如下蛋老母鸡

债券，是国家、地方政府、金融机构、工商企业等经济主体为筹措资金而向债券投资者出具的，向投资者发行，并且承诺按一定利率支付利息并按约定条件偿还本金的债权债务凭证。

债券的本质是债的证明书，代表的是债务关系的凭证，具有法律效力。一个人持有债券，表明他是债券中所标明的钱款的债权人，拥有在债券中约定的未来某一时间取回钱款并获得利息收入的权利。债券的发行人，则是这笔钱款的债务人，他对这些资金有一定时期的使用权，并且承担按期归还钱款、支付一定利息的义务。

具体地说，债券可以从债权人和债务人两个方面定义。从债权人的角度看，债券是证明持有人有权按期取得固定利息和到期收回本金的凭证；从债务人的角度看，债券是国家、地方政府、金融机构和公司企业为筹集资金，按法定程序发行，并承担在指定时间支付利息和偿还本金义务的有价证券。

债券作为一种债权债务凭证，是经济运行中实际运用的真实资本的证书。而且债券是一个在金融市场上不断流动、不断交易的颇具生命力的投资工具。总体来看，债券投资是一种风险较小、收益稳定的投资方式，尤其适合于长期、稳健和保守的投资者。具体而言，债券之所以能够吸引大量的投资者，主要具有以下三个优势：

1. 安全性高

债券的安全性指本金的偿还和利息的支付比较有保障。债券一般都规定有偿还期限，发行人必须按约定条件偿还本金并支付利息。

与股票相比，债券通常规定有固定的票面利率，与企业绩效没有直接联系，收益比较稳定，风险较小。此外，在企业破产时，债券持有者享有的对企业剩余资产的索取权优先于股票持有者。所以投资债券的风险要比投资股票的风险小得多。

2. 流动性高

债券的流动性是指在债券发行期满后，便可以根据需要随时在债券市场上交易、按照市场价格出售债券并收回投入的资金。债券的期限是债券流动性的重要影响因素，一般来说短期债券的流动性要高于长期债券。此外，债券的信用等级也会对其流动性产生影响。信用等级最高的国库券的流动性最强，金融债券和企业债券流动性也都较强。

3. 收益性好

债券的收益表现在两个方面，一是投资债券可以给投资者定期带来利息收入；二是投资者可以利用债券价格的变动，买卖债券赚取差额。无论是投资金融债券还是国库券，年收益率都要比同期储蓄利率高 2% 左右。投资企业债券的收益率还要更高一些。

债券作为一种具有独特功能的投资手段，相对于储蓄来说，它具有较高的收益率；相对于股票来说，它的收益更加稳定，安全性更加有保障。但是，是投资就会有风险，债券也是一样。利率、通货膨胀、企业经营状况、国家货币政策、企业融资方面的因素会影响债券的投资收益。所以，在投资债券时，要掌握一些基本的技巧与策略。

1. 抓准债券交易时机

一般来说，债券价格上涨转为下跌期间都是卖出时机，债券下跌转为上涨期间都是买进时机。债券的安全性虽高，但价格也是有波动的，债券的市场价格通常是按照同一方向变动的。投资者只要能够在下跌价格未到谷底前买进，在价格未上升到峰顶时卖出，就能够赚钱。因此，对投资者来说，能否选择正确投资时机，做到低买高卖是很重要的。

2. 选择合适的债券

债券有很多种类，但在不同时期，不同的债券特性变化很大，所以购买什么品种的债券主要取决于投资者的投资目标。

盈利性越大的债券，其风险性也就越大。例如，国库券、金融债券是信誉最高、保险系数最大的债券，但其利率往往低于企业债券。购买垃圾债券风险最大，但其平均收益率最高。又比如长期债券的利率相对较高，短期债券的利率较低。

很多投资者特别注重债券的流动性。一般情况下，债券的流动性越高，其最终收益率往往越低。要处理好流动性与效益性之间的矛盾，投资者应当根据自己的资金情况、投资目的等多方面因素，在投资组合结构调整中综合考虑，巧妙地平衡各种矛盾，找出焦点、平衡点。

3. 收集信息

要想准确预测债券价格的变化，投资者必须充分掌握信息。能从众多信息中找出有用的信息，然后通过对这些信息的分析，做出正确决策，并成为投资依据。

能成为投资依据的信息有：(1) 国家重要的经济金融政策及其措施，主要包括税收政策的变化、产业政策的变化、利率的上调或下降、汇率的变化等；(2) 债券发行公司的经营状况，主要包括债券发行公司的月营业额、每季损益表上的各项经济指标、公司主要债务人的经营状况、银行与公司的关系及其对债券的保证情况等；(3) 一般经济统计资料，主要包括国民经济增长速度、各行各业的平均财务指标等；(4) 财政、金融、物价统计资料，主要包括国家财政收支状况、货币流通量的变化、各种投资情况或收益率的变化、各种证券利率等；(5) 债券市场的有关资料，主要包括债券价格的变化、新发债券的品种及发行量、证券市场上大多数投资者的投资意向等；(6) 突发性的非经济因素，如战争、自然灾害对经济的影响。

信息来源的渠道也是非常重要的，获得有关债券投资信息的渠道主要有：(1) 新闻媒介的信息，如报纸定期刊登的经济、金融统计资料，公布的全国各城市债券转让行情、报道最近可能上市的债券都是快捷可信的；(2) 发行公司的公开信息，主要是上市公司的说明书。一般包括公司概况、公司发展计划、公司的主要业务和设备、公司资本情况、公司债券发行记录、公司财务状况、近年度营业报告书等；(3) 债券交易市场的信息；(4) 私人渠道的信息。如果没有太多的时间和精力用在债券市场上的人，就必须联系几个可靠、经常出入债券市场、了解信息有特殊渠道的朋友。

总之，一个合格的投资者应该不间断地搜集各种有关债券投资的直接、间接的信息，并将其分类整理，以备决策之用。

4. 规避债券的风险

投资债券也应避免风险，投资者最好的对策，就是分散风险将其降到最低限度。

分散风险首先要做到分散债期。投资时，将债券的期限保持一种台阶式，将资金均等地投入到短、中、长期各种债券。如有 1 ~ 5

年期债券5种，投资者可将资金平均分为五份，把1～5年期债券都买进一些。当1年期债券到期本利变现后，再按20%比例购买一种5年期的债券，依此类推，这样每年都有20%的债券变现。

不把鸡蛋放在一个篮子里是规避风险的最好方法。购买债券时，不要把资金全部用在购买一种债券上，而应按利率不同投放在不同类型的债券上。

不管市场利率怎样变化，投资者在投资债券时要确定一个收益率。在确定的时间内使这一收益率保持在一定水平上，并将利息收入进行再投资，最终由于利率变动而产生的资本损失与再投资收入相抵，消除利率风险。

汇市冲浪技巧多，勇立潮头唱大歌

外汇是指外国货币或者以外国货币表示的能用于国际结算的支付工具。外汇交易作为国际上较成熟的交易方式，是一种重要投资渠道。近年来随着美元汇率的持续下降，越来越多的人们通过外汇买卖，获得了不菲的收益。与此同时，外汇市场已发展成为全球最大的投资市场之一。

但是，由于外汇市场变化多端，外汇投资往往伴随着一定的汇率风险，所以我们在外汇投资时，必须首先选择较佳的投资策略。针对各种外汇理财产品，投资者应当在了解自身投资需求和风险承担能力的基础上制定理财方案，确定理财目标，认真研究各类外汇理财工具的风险与收益，制定适合自己的外汇理财方案，以寻求外汇资产的最优增长。这里总结了几点外汇买卖投资策略，供参考，希望投资者能从中获益。

1. 选择适合自己的投资方式

从风险承受能力看，风险承受能力强的投资者，可将部分资金用于个人外汇买卖或投资于风险较大、投资回报率较高的个人期权、两得存款等产品，并配合一些保本型投资以控制风险；风险承受能力较差的则可将大部分资金投资于一些保本型的、固定收益型产品。从个人时间安排上来看，如果没有时间紧盯市场就对一或两个币种在低价买进高价卖出，进行中线投资；如果有时间密切跟踪就进行短线炒作，反复进行波段操作，高抛低吸。

2. 善于利用多元化的投资组合

基于风险与收益相对称的原理，为降低投资风险，投资者要适当地进行多元化分散投资，将个人资产投资到不同的币种中，有效地分散投资风险。各种外汇币种的比重则可根据不同的偏好来决定。另一方面，需要在不同类型产品之间进行适当的投资组合。个人外汇期权风险较高，且交易成本较高，投资者选择该产品，需要注意成本收益比较分析；个人两得存款主要是个人外汇期权和外币储蓄相结合，需要对外汇汇率走势有一定的把握，才能取得较好的收益，否则可能有损失本金的风险。因此，对希望适度规避风险，又期待相对高收益的投资者而言，可考虑选择高风险产品和外币储蓄或保本型外汇理财产品适当组合投资。

3. 充分了解产品的结构特性

要想在最合适的时机，选择最合适的外汇理财产品，就必须对各种产品的结构特性了如指掌。第一，外汇市场汇率波动较大时，可以选择个人外汇买卖、个人外汇期权产品；第二，市场利率波动较大时，可选择外汇结构性理财产品等；第三，在利率缓步上扬的市场中，可选择投资收益递增型或是利率区间型产品；第四，在利率稳定或逐步下降的市场环境下，投资与利率反向挂钩的外汇结构性理财产品，可以带来较高的投资收益。

4. 购买外汇时，货比三家

为了获取某一外汇货币进行投资，就必须以人民币来换取该货币。此时，汇率的作用不可小视。不同银行会有不同的汇率差别，所以在购买外汇时需要货比三家，认真挑选，以确保获得最有利、最省钱的市场汇率。投资者可通过浏览各大银行的网站，及时了解最新的外汇牌价并观察它们的走势。

5. 善于利用止损技巧

外汇投资中，很重要的两个字是“止损”。由于决定外汇价格的变量太多，因此外汇市场是一个风险很大的市场。虽然现在有各种各样关于外汇波动的理论，但汇市的波动仍经常出乎投资者的意料。投资者在进行外汇交易，尤其是风险较高的个人主动外汇投资时，一定要善于利用止损技巧，对自己的风险敞口进行有效管理。

订立一个止损点，一旦市场趋于不利，汇价触及止损点时，要勇于割肉。外汇市场风险颇高，为避免因投资失误而带来更大的损失，每一次入市买卖时我们都应该订下止损点，这样，即使发生损失也有限，不至于使损失进一步扩大，血本无归。留得青山在，不怕没柴烧。

6. 掌握基本面分析方法

分析汇率的方法有两种，一种是基本面分析方法，另一种是技术分析方法。所谓基本面分析方法是基于对宏观基本因素的状况和变化及其对汇率走势造成的影响加以研究，得出货币间供求关系的结论，以判断汇率走势的分析方法。其研究对象包括经济、政治、军事、突发事件等各个方面，以判断长期汇率变化的趋势。

由基本面分析得来的汇率长期发展的趋势较为可靠，并具有提前性。但其缺点是无法提供汇率涨跌的起、止点和发生变化的时间。并且在一些时候，汇率的变化并不是严格遵从于基本面的变化。因此，对于基本面的分析要结合下面的技术分析方法。

7. 学习技术分析方法

技术分析方法是借助心理学、统计学等学科的研究方法和手段，通过对以往汇率的研究，预测出汇率的未来走势的方法。技术分析是建立在对历史数据进行统计分析的基础之上的，通过研究和分析，总结出一定规律，形成一套完整的理论和方法并运用于实践，目的是用以前的规律来预测未来的趋势。

技术分析方法有很多种，如图形分析、形态分析、趋势分析和指标分析等。技术指标分析，是依据一定的数理统计方法，运用一些复杂的计算公式，来判断汇率走势的量化的分析方法。技术指标分析是国际外汇市场上的职业交易员非常倚重的汇率分析与预测方法，往往离不开复杂的电脑软件和数据库的支持。因此，对于个人实盘外汇买卖交易的投资者来说，此方法比较难以实现。

8. 保持正确积极的投资心态

外汇投资看起来复杂，操作起来更是千头万绪，但实际上与投资者相关的因素只有三个：心态、管理、能力。其中，投资心态非常重要，很多人把亏损的主要原因归结为心态不好。往往是模拟交易容易取得成功，可一旦实盘交易结果就大不一样，亏损接踵而来。保持好的交易心态是每一个投资者都应该努力做到的。

总之，对于复杂多变的外汇市场而言，掌握一般的投资策略是必须的，但在这个基础之上，投资者更要学习和掌握一定的实战技巧，因为一些经过大量实践检验的投资技巧不仅充满哲理涵义，而且在实战中有很强的指导意义。

基金投资久见益，凭靠专家来打气

如果有人告诉你，有一种投资可以在 13 年的时间内把你的财产翻 30 倍，而这期间你完全不用管它，你会相信吗？也许你不会相信，但它的的确确是真的。如果你 1955 年在沃伦·巴菲特的伯克夏基金刚刚成立时投资 1 万美元，以后再也不追加，到 13 年后的 1969 年你的回报将达到 30 万美元，刚好是原来的 30 倍！

这么好的投资方式是什么？它叫投资基金，简单地说，基金就是股民委托专家理财。如果你有一笔钱暂时不用，想买股票又担心风险太大，存在银行又觉得可惜，那么可以尝试投资基金。投资基金作为一种专家代客理财的工具，不仅简单易操作、风险小、费用低、收益稳定，而且手续还很简单，实在是一种理想的投资对象。

市场上的基金有很多不同的类型，而同类基金中各只基金也有不同的投资对象、投资策略等方面的特点。因此，投资者在选择基金时不要盲目，掌握一些挑选基金的技巧很重要。

一、“兼顾法”挑选基金

基金作为一种专业理财产品，其投资优势是显而易见的。但怎样才能充分发挥基金投资的优势，利用基金产品的管理运作能力获取更高的投资收益，还需要投资者对基金产品进行正确定位，凸现其内在价值，以下三个方面是需要重点“兼顾”的：

1. 兼顾基金发行规模和个人基金资产配置比例

对于管理和运作业绩较好的公司来讲，注重更多的是其投资回报，而不是盲目地追求规模的扩张。为了更好地管理和运作基金，实现预期的收益，规模并不是最重要的，重要的是规模背后的业绩。因此，对于限制发行规模的基金产品，投资者应当做主动性的资产配置。相反，对于募集期内还不能完成基金的募集规模，并不得不采取必要的延长基金募集期，可适度降低配置基金资产的比例。

2. 兼顾认购期和申购期

对于基金产品来讲，由于发行市场环境和募集开放后的环境存在有很大的不同。因此，将资金进行必要的分期配置是很重要的。基金发行时正值市场上涨行情，可少量参与基金的认购，而根据其业绩情况再进行申购期的基金配置。相反，当发行期证券市场处于阶段性底部时，是基金建仓的良好时机，投资者可适当提高新基金的认购配置比例。

3. 兼顾基金净值增长和基金分红

投资基金，既可以利用短期的基金净值增长进行价差套利，也可以分享基金的分红收益。既然选择了基金产品，就要确定投资的目标，是短期获利或是长期投资。但由于基金的净值是不断变化的。

因此，投资者在进行基金获利方式的选择上也应当进行兼顾。

二、买基金巧取捷径

俗话说，简单的就是最好的。基金产品的投资也一样。因此，买基金巧取捷径也需要从以下六个方面讲究策略：

1. 图安全性从买保本基金做起

保本基金都有一定的避险周期，投资者如果没有足够的时间和精力打理基金，可尝试从保本基金做起，只要持满基金的避险期，投资者就可以实现保本的愿望，而且分享保本基金带来的收益。

2. 买基金实现炒股票的乐趣，指数基金是首选

目前的指数型基金跟踪的是目标指数。投资者只要通过观察指数，就可以在指数的变化中轻松获利，而不需研究和分析某单只股票的基本面，也不必理会单只股票的涨涨跌跌。

3. 享受高效快捷的服务，可选择定期定额买基金

定期定额是一种类似于银行的零存整取储蓄方式。这种方法对消费控制不力的投资者是非常有效的，它能起到强制存款并进行投资的目的。

4. 买了基金不满意，不妨采用基金转换方式

目前，每家基金管理公司旗下都管理多只基金品种，这些基金品种特点各异，收益也不一样，加上优惠的转换费率，投资者在对所买基金不满意时，完全可以进行产品转换。

5. 节约基金交易成本，选择网络服务

目前，基金购买渠道分为基金管理公司的网上直销和渠道商代销。投资者离渠道商的网点距离较远，网络买基金则是解决之道，不但节省大量的交通费用，而且还能享受网上费率的优惠等措施。

6. 享受优质服务，优选营销经理

目前，基金的宣传和投资理念的教育还处于起步阶段，迫切需要大量优秀的基金营销人员。因此，选择一位优秀的基金营销经理，指导自身的财务规划，进行基金产品的服务是非常有必要的，对降低投资基金中的风险也是很有帮助的。

总之，只要投资者留心，基金投资中的捷径无处不在。为了让自身的投资更加轻松愉快，投资者一定要结合自身的投资偏好和生活习惯，做到对基金产品运作特点、服务功能上的了如指掌，才能享受由基金所带来的更多的专家理财服务，获取更高的收益。

三、遵循章法挑基金

尽管目前可供投资者购买的开放式基金产品越来越多，但投资者面对基金产品，仍然是面临较多的艰难选择。在开放式基金投资中失利的情况，还是时有发生。除了投资者对开放式基金产品的认知程度不高外，主要是没有遵循开放式基金投资的章法。

1. 以保底收益作为购买开放式基金的标尺

尽管开放式基金是专家理财，但由于基金经理在进行资产配置时，仍存在一定的资产配置收益不确定的风险性。因这种收益不确定的风险因素存在，可能会带来基金产品净值和业绩的不稳定性。因此，抱着保底收益的思想，投资开放式基金是不可取的。

2. 基金投资不讲风险识别是大忌

针对不同的风险偏好，基金管理公司设计推出了不同风险程度的开放式基金产品。投资者在购买基金产品前，一定要本着先了解基金产品特点的原则，从最接近银行定期存款收益相当的基金产品做起，尝试购买货币型基金。并逐步向债券型基金、股票型基金过渡，而摆脱见了基金就购买的不良习惯。初次购买股票型基金的投资者大抵存在两种情况。一种是已经参与了股票投资，但个人操作业绩不理想，希望通过专家理财实现增值的目的；另一种是盲目购买者。而这种盲目购买者，往往面对高风险投资而表现的不知所措，不能很好地把握申购和赎回的良机，盲目比照银行定期存款的办法，而使自身遭受不应有的损失。

3. 交易规则一知半解，增加申购、赎回成本

基金公司的收入主要来自于管理费。为了更好地提高投资者购买基金的积极性，基金公司在基金的认购期内都推出了一定的费率优惠措施，投资者应重视基金公司的费率优惠措施，并学会从中受益。另外，对于基金管理运作水平和长期投资价值相对比较可靠，内控风险把握较好的，基金净值不断提升的，回报率较高的基金产品，不妨选择红利再投资，不但省去了申购费，还能发挥复利效应。

4. 不应盲目信赖基金宣传品，崇拜基金经理

为了加大基金产品的营销和推广的力度，目前的开放式基金营销宣传单内容是应有尽有，各种形式的宣传品是一应俱全。不管基金成立后的运作业绩怎样，但就看宣传单，就足以让投资者流连忘返。有些基金公司在设计宣传内容时，对基金经理的过往业绩和运作基金的能力，进行大篇幅的介绍和推荐。从而提高产品的知名度和影响力。一旦基金成立后，基金的运作状况却与宣传单内容大相径庭。基金经理也频繁更换。这些因素在基金成立后都会变得不稳定起来。因此，投资理事会的办法，不失为一种投资基金的选择要素。

四、对比法观察基金

对投资者来讲，掌握一定的挑选基金产品技巧和方法是非常重要的，其中“对比法”是必不可少的。

1. 基金运作规模之间的对比

一家运作规模较大的基金管理公司比运作规模相对较小的公司拥有更多的客户群，更充足的资金，更强大的市场影响力，更完善的基金产品线，更具有品牌价值。

2. 基金过往业绩的对比

投资者了解基金以往的业绩不仅是必要的，而且也会因投资者的预期而给基金管理人一定的运作基金压力，采取积极的资产配置策略，从以往的基金运作中积累经验，以更好的业绩回报投资者。

3. 基金产品投资组合中的对比

通过资产配置组合将会看到基金投资风格是稳健型、中庸型还是激进型，是具有短期波段性收益特征，还是具有长期周期性的收益特征。

4. 基金经理之间的对比

作为基金的决策者和指挥家，基金经理在基金产品运作中起着举足轻重的作用。基金配置资产的知识性、专业性、操作实战经验，都需要一位具有多方面知识和能力的优秀基金经理来完成。

5. 基金费率之间的对比

投资基金，主要目的是为了获取投资分红。但在基金运作过程中，或基金产品在设计之初就兼顾了基金的短期收益（如指数型开放式基金）。因此，考虑基金的申赎成本就显得非常重要。较低的申赎费率，对投资者进行基金的短期投资套利无疑是非常重要的。

6．基金营销服务中的对比

投资者购买了基金产品，不但不能放置不管，反而应当采取积极主动的跟踪和管理措施，并时刻关注基金的基本面变化，基金信息、基金净值的变动等。投资者选择了一家服务良好的渠道商的基金营销人员，将会省去很多劳顿之苦。只要利用渠道商的定制信息提醒服务、发送 E-mail、邮寄基金资讯等方式，轻松实现基金的动态跟踪，从而避免信息缺失而遭受投资损失。

黄金古玩待时入，投资收藏两不误

自公元前 3000 多年以前，黄金在古埃及第一次被人类所认知开始，就与人类的发展形影不离地交织在一起。由于黄金的稀少、特殊和珍贵，加上其金灿灿的光泽，自古以来就被人们视为五金之首，有“金属之王”的称号，享有其他金属无法比拟的盛誉，其显赫的地位几乎永恒。正因为黄金具有这一“贵族”的地位，一段时间曾是财富和华贵的象征，用它作金融储备、货币、首饰等。到目前为止黄金在上述领域中的应用仍然占主要地位。

所谓黄金投资是指通过对黄金及其衍生品进行购买、储藏、销售等过程，从中获得财产保值增值的投资行为。作为内在价值最为稳定的金融投资产品，黄金具有较强的保值增值功能，是个人投资者构建资产组合时不可或缺的品种。在目前资本证券市场行情波动较大的情况下，黄金这种具有良好抵御通货膨胀功能的工具，已逐渐发展成为继保险之后的又一个重要的保障性投资工具。

黄金投资是一种永久、及时的投资。几千年以来，黄金一直散发着诱人的光芒，并以其独有的特性——不变质、易流通、保值、投资、储值的功能作为人们资产保值的首选。黄金投资照样存在着风险，因此，要掌握投资的技巧，把风险的程度降到最低。

技巧一，组合投资

黄金价格通常与多数投资品种呈反向运行，所以在资产组合中加入适当比例的黄金，就可以最大限度地分散风险，有效抵御资产大幅缩水，甚至可令资产增值。因为诸如现金、房产、证券等大部分资产价格与黄金价格背道而驰，资产组合及比例因时制宜、因人制宜，可以根据自身的资产状况适当地增减。当金融系统的风险如坏账、房地产泡沫、通货膨胀增加时，应该调整黄金的投资比例；当局部战争的气氛渐浓时，也应该提高黄金的投资比例。

技巧二，考虑汇率

在本国货币升值时，人们可以在外国购买到较为便宜的黄金货品，因为黄金在国内价格不动或者下跌，并不表示黄金本身的价值就会相应地下跌，而有可能是本地货币与外国货币汇率变化的结果。因此，投资黄金需具备一定的外汇知识，否则不要大量地投资黄金。

技巧三，分批买入

从策略上讲，应该金价的上升趋势操作，即朝着一个方向操作，坚持在回调中买入。由于最低点可遇而不可求，所以要分批买入，持涨抛出，再等待下一个买入机会。

另外，投资者在买卖黄金的过程中一定做到“三不要”：

1．不要轻易猜顶猜底。影响黄金价格的因素很多，如美元价格、原油价格、其他商品价格、国际政治形势、欧美主要国家的利率和货币政策、黄金储备的增减、开采成本的升降、现货市场用金的增减等。由于最低点可遇而不可求，所以，买入黄金时不要轻易猜它最高的价格或最低的价格，建议在黄金价格相对平稳或走低时再买进，并从整体看黄金的价格是处于“大熊”还是“大牛”的趋势。

2．不要炒短线。在炒黄金时，很多人总想快进快出，以此来获利，可结果往往事与愿违。其实，投资黄金需要具备相当的分析能力，更需要谨慎。与股票、外汇等相比，金价变化较为温和，鲜有大起大落的情形，所以要赢利，就必须耐心等待金价升值。

3．不要配置过多。黄金是属于中长线的投资工具，所以投资者不能看短期的金价走势，更不要存在侥幸心理。有很多人在投资黄金的过程中，当黄金价格已上涨很大时，就大肆买进，以为它能带来足够多的利润。其实，黄金虽然具有长期抵御风险的特征，但相对应的是它投资的回报率也较低。所以，黄金投资在个人投资组合中所占比例不宜太高。

俗话说：“乱世黄金，盛世古玩。”“粮油是一分利，百货是十分利，珠宝是百分利，古玩是千分利。”从玩物丧志到玩物尚志再到玩物生财，精品古玩书画永远升值。古代陶瓷、器皿、青铜铸具，乃至钱币、皇室用品、衣物等，因其年代久远，对于现代人来讲具有极大的魅力和魔力，因而具有较高的观赏和收藏价值，增值潜力极大。

人们之所以看重古玩收藏，除了它的文化价值以外，很看重的是经济因素，因为收藏的过程就是一个保值和不断增值的过程。古玩行里看似闲散，其实暗藏“杀机”，既可以让人一夜暴富，也能让人顷刻破产。因此，对古玩的投资应遵循以下原则：

其一，培养鉴赏能力。投资古玩最好先从收藏古玩开始，在兴趣和嗜好的引导下，潜心研究有关资料，经常参加拍卖会，游览展览馆，来往于古玩商店和旧货市场之间，有机会也不妨“深入”到穷乡僻壤和收藏者的家中，多看，多听，少买，在实践中积累经验，不断提高鉴赏水平。

其二，正确估算收藏品的投资净值。要充分考虑购买收藏品、保管收藏品和出售收藏品所付出的各种费用。确定你的收藏品有一个现成的、价格合理的买卖市场，把收藏品当成你投资策略的一小部分。

其三，选择收藏品要少而精，且量财力而行。收藏品种类繁多、范围广，应根据个人兴趣和爱好，选择其中的两三样作为投资的对象。这样，才能集中精力，仔细研究相关的投资知识，逐步变为行家里手。同时，选择收藏品还要考虑自身的支付能力。

其四，注意规避风险。对古玩文物进行投资买卖，一定要熟悉国家相关的法律、法规，对于国家禁止在市场上买卖或禁止流向国外的古玩史物，不要投资。

其五，要树立长期投资的意识。收藏品投资是一种长期投资，只有长期持有，才能获利丰厚。

其六，妥善保管收藏品，使其保持最佳状态。

股市擅长跌与伏，牛熊变幻谁人主

股票是股份有限公司在筹集资本时向出资人发行的股份凭证。股票代表着其持有者（股东）对股份公司的所有权，这种所有权是一种综合权利，包括参加股东大会、投票表决、参与公司的重大决策、收取股息或分享红利等权利。同一类别的每一份股票所代表的公司所有权是相等的，同股同权，同股同利。

股票是成就财富梦想的一种有效渠道，但它更是一种让人心跳加速的投资方式。虽然并非所有理财成功的人都会投资股票，但是懂得熟练运用股票投资无疑会更快地取得投资理财上的成功。如果看到股票牛市的火热就贸然入市进场，或者看到股票熊市的低迷就避而远之，这都是不可取的股票投资心态，缺乏对股票市场的深刻了解。在阐述股票投资策略之前，有必要简单介绍一下股票作为个人资产扩张方式的五点优势：

1. 能够获得上市公司的红利或红股

通常，上市公司每年都会主动与股东分享经营成果，利润分享的方式通常是派送股息、送红股，或有两者都有。如果遭遇经营困难，上市公司可能会取消当年的股息和红股。但是，完全取消股息的做法一般较为罕见。即使在金融危机下，上市公司一般都只会减少红利，而非完全取消股息。股票可分为普通股和优先股两种。按照规定，优先股的股东能够优先于普通股股东获得双息红利，并且优先股每年的股息一般都是固定的。而普通股的股东则是在债权人和优先股股东都获得各自的利益以后才能够分配剩余的利润。

2. 能够在股票市场上进行交易，获取买卖价差的收益

投资股票的另一个好处就是可以在二级公开市场上自由买卖股票以获得除股息和红股以外的价差收益。由于股票市场的波动性很强，股价变动频繁且幅度很大，因此，买卖差价往往成为投资者最为关注的股票收益。一些独具慧眼的专业投资者甚至能够通过频繁买卖股票来多次获得惊人的差价利润，这也是吸引众多投资者进入股票市场的原因。投资股票已成为现今人们创造巨额财富的主要途径之一。

3. 股票投资金额弹性大、门槛低

相对于房地产与古董商品等大金额的投资种类而言，股票投资的资金门槛很低，弹性也很大。一般而言，股票投资是以“手”为单位的，一手一般是 100 股股票，假如一只股票的价格是 10 元，那么一手股票的总价就是 1000 元，另外还要附加少许的手续费。由此，只要投资者有 1000 元多一点的资金就足以进行股票投资了，对于资金更少的投资者还可以以考虑股价更低的股票。所以，普通老百姓一般都有足够的能力投资于股票市场，无须担心资金的门槛问题。

4. 变现性、流动性强

股票市场可以说是众多投资市场中流动性最强的市场。流动性包括变现的时间成本和资金成本两个方面。股票市场交易非常活跃，买卖双方的交易意愿强烈，再加上现代化电子交易系统的辅助，股票的成交速度十分迅速。基本上投资者一发出卖出的指令，不消几分钟，交易就可完成。因此，股票市场的变现速度很快，时间成本很低。此外，由于各个股票券商之间的激烈竞争使得买卖股票的手续费用已大为降低。因此投资者不用担心变现股票所带来的资金成本会严重损害投资利润。

5. 投资股票具有抗通胀的功能

抗击通货膨胀最有效的方法就是获得比通货膨胀率更高的投资收益率。股票的收益性很强，一般要高于银行存款和债券的收益率，不仅能够弥补通货膨胀所造成的损失，而且还能够在此基础上获得更高的收益，因此股票具有较强的抗通胀功能。以美国股市为例，虽然二战以后发生了严重的通货膨胀，但是在扣除其影响后，股票投资的年平均实际回报率仍然达到 7%，而在 1982 ～ 1999 年的牛市中更是高达 14%。

全球金融危机无疑给我国股票市场带来了前所未有的冲击和影响。我国上证指数从 2007 年 10 月的历史最高点 6124 点一路下滑至 2008 年 10 月的最低点 1664 点，跌幅高达 70% 以上。许多股民在经历了这次惨痛跌宕之后，开始对股票市场望而却步，谈虎色变。但也有一些投资者把握住了这次难得的历史性机会，在看似绝望的股票市场上冷静布局。结果，当 2009 年 7 月上证指数重新站在 3000 点关口时，这些投资者获得了巨大的盈利。同样是股票市场上的投资者，为什么会有如此截然不同的命运呢?

关键就在于投资者必须要有适当的股票投资策略。随着我国市场经济的迅速发展，股票凭借其优越的收益性，已逐渐成为广大投资者必不可少的理财工具之一。但是，股票在其高收益的背后也隐含着高风险。如果投资者想要通过股票投资来实现财富增值和财务自由，就必须要清楚认识股票的收益风险特性，采取切实有效的投资策略。

1. 长期持有

长期持有是买股票最简单、也是比较有效的投资策略，能长期带来不错的回报。采用这个策略的投资者，在买入股票后把它搁置一旁，不管股市是起还是落，都不再买入更多的股票，或是卖掉股票把钱存起来。

如果你紧随这个策略，财富贬值的可能性不大。而长远来说，股票能比储蓄带来更高的回报，因此许多基金经理建议投资者把较高比例的财富长期投资于股票。

2. 固定投入法投资股票

固定投入法是一种摊低股票购买成本的投资方法。采用这种方法时，其关键是股民不要在意股票价格一时的涨落，在一定时期固定投入相同数量的资金。经过一段时间，让高价股与低价股互相搭配，使股票的购买成本维持在市场的平均水平。

固定投入法是一种比较稳健的投资方法，它对一些不愿冒太大风险，尤其适宜一些初次涉入股票市场、不具备股票买卖经验的股民。因为，采用固定投资法，能使投资者有效地避免由于股市行情不稳可能给他带来的较大风险，不至于损失过大。但是，如果有所收获的话，也不会太高。

3. 可变比例法投资股票

可变比例法是指投资者采用的投资组合的比例随股票价格涨跌而变化的一种投资策略。当股票价格高于预期价格，就卖出股票买进债券；反之，则买入股票并相应卖出债券。

一般来说，股票预期价格走势看涨时，投资组合中的风险性部分比例增大；股票预期价格走势看跌时，投资组合中的保护性部分比例增大。

4. 分段买高法投资股票

分段买高法是指投资者随着某种股票价格的上涨，分段逐步买进某种股票的投资策略。如果股民用全部资金一次买进某种股票，当股票价格确实上涨时，他能赚取较大的价差。但若预测失误，股票价格不涨反跌，投资者就要蒙受较大的损失。所以要根据股票的实际上涨情况，将资金分段逐步投入市场。这样一旦预测失误。股票价格出现下跌，他可以立即停止投入，以减少风险。

5. 分段买低法投资股票

分段买低法是指股民随着某种股票价格的下跌，分段逐步买进该种股票的投资策略。按照一般人的心理习惯，股票价格下跌就应该赶快买进股票，待价格回升时，再抛出赚取价差。其实问题并没有这么简单。某种股票不下跌到一定程度，其价格仍然是偏高的。这时有人贸然大量买入，很可能会遭受重大的损失。为了减少这种风险，股民就不能在股票价格下跌时将全部资金一次性投入，而应根据股票价格下跌的情况分段逐步买入。

6. 相对有利法投资股票

相对有利法是指在股市投资中，只要股民的收益达到预期的获得目标时，就立即出手的投资策略。

在股票投资活动中，一般投资者很难达到最低价买进、最高价卖出的要求，所以，只要达到预期获利目标，就应该立即出手，不要过于贪心。相对有利法虽然比较稳健，可以防止因股价下跌而带来的损失，但也有不足之处。假如股票出手后，如果股票价格继续上涨，那么股民就失去了获取最大收益的机会。如果股票价格变化较平稳，长期达不到预期获得目标，那么投资的资金会被长期搁置而得不到收益。

总之，投资股票最主要的一点是在看错了的时候坚决止损，在看对了的时候坚持持股，在获利丰厚时赢利平仓，就可能获得可观的赢利。

第十章　负债理财攻略：实现资本飞跃

住房贷款："安居"不是梦

在现代社会，经济头脑比较敏锐的购房者即便有足够的资金也会选择贷款购房的方式，这样可以把剩余的自有资金投向收益更高的领域，如证券、期货、外汇、经营等方面，这在投资意识比较强的城市中已是非常普遍的一种现象。

此外，从投资角度考虑购房，贷款也是重要的一种投资工具，这在经济学上被称为"杠杆作用"。例如，某人购入单价为每平方米 5000 元、共 100 平方米的住房，拟在投资收益率达到 30% 时出售。如果购房总价 50 万元均为自有资金支付，那么要达到升值 30% 需要该住房出售单价达到每平方米 6500 元，这其中难度是很大的，如果该人将 50 万元自有资金作为 50% 首付款购买两套住房，不足部分以贷款 50 万元补足，那么这两套住房只要单价上升 15%，达到 5750 元，则两套住房总价为 115 万元，归还 50 万元贷款后净得

65万元，与50万自有资金相比，投资收益率已达到30%。单价从5000元上升为5750元可比上升为6500元容易得多，也快得多。

以上没有考虑贷款利息，但是即便考虑贷款的资金成本，借助贷款也是事半功倍的投资捷径，这就是所谓的“杠杆作用”。借助贷款的比例越高，杠杆作用越明显。当然，需要提醒注意的是如果房价下跌，杠杆作用同样生效，损失也会增加。所以，申请贷款购房不失为可以尝试的一种购房方法。

目前，个人住房贷款主要包括三种贷款方式，即个人住房贷款(商业性贷款)、个人住房委托贷款（公积金贷款）和个人住房组合贷款。个人住房贷款是由商业银行提供的商业性贷款；个人住房委托贷款是由公积金管理中心委托商业银行发放的政策性贷款；个人住房组合贷款是前两者的组合。

个人住房公积金贷款：对于已参加交纳住房公积金的居民来说，贷款购房时，应该首选住房公积金低息贷款。住房公积金贷款具有政策补贴性质，贷款利率很低，不仅低于同期商业银行贷款利率(仅为商业银行抵押贷款利率的一半)，而且要低于同期商业银行存款利率，也就是说，在住房公积金抵押贷款利率和银行存款利率之间存在一个利差。同时，住房公积金贷款在办理抵押和保险等相关手续时收费减半。这种贷款方式的金额有限。

个人住房商业性贷款：以上贷款方式限于交纳了住房公积金的单位员工使用，限定条件多，所以，未缴存住房公积金的人无缘申贷，但可以申请商业银行个人住房担保贷款，也就是银行按揭贷款。只要你在贷款银行存款余额占购买住房所需资金额的比例不低于30%，并以此作为购房首期付款，且有贷款银行认可的资产作为抵押或质押，或有足够代偿能力的单位或个人作为偿还贷款本息并承担连带责任的保证人，那么就可申请使用银行按揭贷款买房。

个人住房组合贷款：住房公积金管理中心可以发放的公积金贷款，最高限额一般为10万～29万元，如果购房款超过这个限额，不足部分要向银行申请住房商业性贷款。此项业务可由一个银行的房地产信贷部统一办理。组合贷款利率较为适中，贷款金额较大，因而较多被贷款者选用。

诚然，买房是一个较复杂的商业行为，在个人贷款买房时，要对各种问题进行综合考虑，这样才可能取得最有效益的贷款。具体说来要全盘考虑以下问题：

1．对家庭现有经济实力作综合评估，以此确定购房的首期付款金额和比例。经济实力的内容包括存款和可变现资产两大部分。后者又涵盖了有价证券、现有住房置换等。

2．对家庭未来的收入及支出作合理的预期。这包括收入预期和未来大额支出的预期。前者要考虑的因素包括年龄、专业、学历、工作单位性质、行业前景乃至宏观发展趋势等。一般来说，年轻、高学历、专业前景好、单位效益好的家庭成员收入预期较高。个体经营者和规模较小的私营业主应该对经营风险有充分预期，谨慎制定贷款及还款计划。后者要考虑的因素包括结婚、生育、健康、求学、出国以及购买其他大额消费品等。如果你的家庭预期有较大的支出，这将会削弱你的还款能力。

3．学会计算自己的还款能力。还款能力是决定可贷款额度的重要依据。还款能力的计算方法是用家庭平均月收入减去家庭平均月支出后的余额。在计算时要考虑到收入和支出的可能变化。

4．学会计算自己的可贷额度。借款人的可贷款额度可用这样的公式计算：可贷款额度＝借款人的月还款能力 ÷ 相应贷款年限的每万元贷款的月还款额 ×10000 元。

5．组合贷款的最优组合原则。公积金贷款尽可能多，商业贷款尽可能少。因为公积金贷款的利率远比商业性贷款要优惠。

6．首期付款的宽松原则。首期付款不能把手头的现金用完，而应该留有一笔相当的资金用于住房装修和更新家具、家电等室内用品。

汽车信贷：买车不再是传说

随着超前消费观念在国内的日趋流行，攒够存款才消费的思想已经逐渐被淡化。就个人消费者而言，除房贷之外，贷款买车以其“花明日钱，享今朝福”的理念，已成为广大准购车族解决短期资金紧张问题的不二法门。随着车价的逐步走低，越来越多的普通消费者开始加入了购车者的行列，但或许其中的很多人还不具备一次性付款的能力，借助汽车消费贷款自然是必不可少的。

那么，什么是汽车消费信贷？申请汽车消费信贷需要怎样的流程？

所谓汽车消费信贷，是指银行对申请购买汽车的借款人发放的人民币担保贷款；是银行与汽车销售商向购车者一次性支付车款所需的资金提供担保贷款，并联合保险、公证机构为购车者提供保险和公证。其申请流程如下：

1．客户申请。客户向银行提出申请，书面填写申请表，同时提交相关资料。

2．签订合同。银行对借款人提交的申请资料审核通过后，双方签订借款合同、担保合同，视情况办理相关公证、抵押登记手续等。

3．发放贷款。经银行审批同意发放的贷款，办妥所有手续后，银行按合同约定以转账方式直接划入汽车经销商的账户。

4．按期还款。借款人按借款合同约定的还款计划、还款方式偿还贷款本息。

5．贷款结清。贷款结清包括正常结清和提前结清两种。(1) 正常结清：在贷款到期日（一次性还本付息类）或贷款最后一期（分期偿还类）结清贷款；(2) 提前结清：在贷款到期日前，借款人如提前部分或全部结清贷款，须按借款合同约定，提前向银行提出申请，由银行审批后到指定会计柜台进行还款。

贷款结清后，借款人应持本人有效身份证件和银行出具的贷款结清凭证领回由银行收押的法律凭证和有关证明文件，并持贷款结清凭证到原抵押登记部门办理抵押登记注销手续。

在了解了汽车消费信贷的概念及其申请流程之后，也许有人会问，贷款买车会不会对收入有什么要求，是否会对以后的生活质量产生不利的影响？贷款买车注意事项有哪些？在这里给大家提供几点意见，仅供参考。

首先，要有稳定的高收入支持。月收入在6000元以下的个人或家庭并不适合财务贷款购车的方式。因为贷款购车后，除了必须按月偿还贷款本金和利息外，还需要支持停车费、维修费、燃油费、保险费等养车费用。每月平均支出在2500～4000元之间，因此如果没有稳定的较高收入很难维持车辆费用。若是还有房贷的家庭，更应该权衡支出与收入，避免生活质量受到影响。这也是贷款买车注意事项首要注意的。

其次，对零首付、低利率等优惠需谨慎看待。在市场上可以看到，一些旧车销售商和贷款中介机构为吸引消费者购买，而推行完全免利息等优惠政策。这些优惠看上去很优惠，其实大都建立在抬高车价、增加代理手续费的基础上的。因此，不要因为贪图小利使得自己的权益受到损失，合法的汽车贷款手续应到各商业银行或《符合汽车金融公司管理办法》的正规汽车金融代理公司办理。

再次，汽车保险条款不容忽视。汽车贷款购车就意味着你在没有付清银行贷款前，车子是你抵押给银行的，产权是属于银行的。银行为了降低风险，一般都会在购车贷款合同上要求你必须购买一些车险作为贷款的条件。这些保险的保费并不一定完全符合你的要求，甚至可能过高，所以在申请车贷时必须认真阅读相关保险条款，不能忽略这笔开支。

然后，贷款后不要忘记按时还本付息。各商业银行规定，贷款人应提前在结算账户中预存分期偿还的本金和利息，如果借款人无法按时还本付息，银行就会要求借款人支付一定金额的滞纳金，并会根据具体情况采取扣押回收已办理抵押的车辆，以及追究担保人责任等措施。此外，银行还会给借款人不良的信用记录。在征信系统里，有不良记录的借款人以后如果还想要办理贷款会很困难，甚至会被各家银行联合“封杀”。

最后，在经济能力允许的话考虑提前还款。为了缓解还本付息的压力，减少还款金额，许多人会选择期限较长的汽车贷款，但这样做使利息增加，总还款金额增加。而在还款的期间有可能积蓄或收入增加或者有大笔的资金进项，使借款人在还款期限内提前具备了还清贷款的经济能力，这时可以考虑提前将剩余贷款的本金全部还清或还清一部分以缩短贷款年限，使车子真正归属于自己，还能减少贷款利息。

总而言之，在如今的金融条件下，汽车消费信贷已经成为一种金融投资产品，具有贷款的杠杆效应。贷款购车是一种合理的消费方式，消费者在消费的同时还可以达到理财的目的，实现了消费与投资并驾齐驱。尽管贷款购车要付利息，可如果这些车辆产生的经济效益和精神效益比利息高得多，又何乐而不为呢？

教育金理财：给孩子特别的爱

教育是人一生财富的基础，那么对于父母来说又该如何来准备孩子的教育问题？有专家指出，在进行教育金理财时，要坚持“四原则”——及早准备、定期投入、安全第一、专款专用，以保证让孩子得到更好的教育。

目前，中国家庭子女教育的支出比重已经接近家庭总收入的1/3。据粗略统计，养育一个孩子直到其结婚成家，其中的直接成本加上各种教育费用，少则几十万元，多则上百万元。子女教育投资是一项时间跨度较长的投资，所以家长应该及早准备，并选择一种能够与孩子一起“成长”的具有长期投资优势的理财产品。

那么，该如何进行教育金理财呢？

先来让我们细数一下能接触到的金融理财工具：银行存款、各种债券、保险、股票、基金，当然还有各种花样繁多的理财产品就不一一列举了，因为其他的理财产品无非就是在这几种工具里面做不同比例的配置。

理论上来说，每一种理财工具都可以用来做教育金理财。下面介绍一下这几种理财工具的各自特点，同时，按照教育金理财“四原则”来看看用它们来做教育金理财时，各自的优劣势。

1. 利用存款和国债进行教育金理财

定期存款和国债都属于广义货币的范围，所以它们具备相同级别的安全性和流动性。通过限制一定的流动性，它们可以获得高于活期存款的利息，并且存期越长利息越高，但是利率经常会随着宏观经济环境的变化而变化。不会理财的人通常选择它们来处理手中的钱，甚至只有存款一种理财方式。如果要用它们来储备教育金，那就要单独开设独立的教育金账户，并且在每张存单或者每期国债到期时，立即将到期的本息转存或者买下一期国债，不断滚动，直到孩子上大学的时候。

由此可以看出，这种理财方式的优势在于安全有保障，缺点是它们的流动性主要靠个人的意志力去控制，容易中断存款的行为，因为中途遇到需要用钱的时候就可能从这个账户中抽血，或者因为利率的变动，觉得不划算而中断。所以这两种方式在安全性上很好，但是在定期投入和专款专用方面没有保证。

2. 利用股票进行教育金理财

投资人通过持有上市公司的股票而获得股东身份，从而获得分享上市公司发展带来的高额红利的权利。但是在中国，人们并不看重这种公司分红，而是热衷于在二级市场通过炒作获取股价上涨的差价。正是由于这种投机行为，使得股票投资的风险极高。同时，由于投资者心中存在的“恐惧”和“贪婪”两个魔鬼，很少有人能够从股市中赚到钱后全身而退，即便是想长期投资股票的投资者，也会面临上市公司经营恶化、宏观经济调整等等风险。

总的来说，股票投资是一种高风险高收益的投资行为，需要相当的专业知识和良好的心态才有可能从中获益，进入的技术门槛较高。如果要用股票来准备教育金，首先要有极强的选股能力，其次不管是牛市还是熊市都要克服心中的“恐惧”和“贪婪”，不管市盈率和市净率的高低，坚持定期买入一定数量的股票。如果十几年下来都能够做到这两点，那么，不仅能够为你的孩子准备足够的教育金，而且一定会获得非常丰厚的回报。

3. 利用基金进行教育金理财

基金按照与股市挂钩程度的轻重分为：股票型、积极配置型、保守配置型、债券型、货币型等几种类型。通过基金管理团队的操作，即便是股票型基金的风险也比股票要小了很多，没有股票投资经验与能力的投资者，可以选择基金来做教育投资，分享经济发展带来的超额收益。跟股票一样，风险自担，流动性很好。但由于基金的波动幅度没有股票那么大，也没有单个股票那么频繁，所以比较利于投资者保持良好的心态长期持有。如果能够坚持定投并持有，那么用基金投资来准备教育金的话，十几年后一定能够获得较为可观的收益，关键就在于是否能够坚持下来，这需要靠个人的意志力。

4. 利用保险进行教育金理财

与以上几种理财方式相比，保险更不为人们所熟知，而且还有很多人对其存有偏见。适合做教育金理财的保险产品有分红险、万能险、投连险。

(1) 分红险的理财方式是投资于银行大额协议存款、各种债券以及很少股票和基金。分红险的特点是保本、锁利再加分红。它的收益有三种：年金、红利、满期金。年金和满期金是保证分配给投保人的收益，这两项相加就相当于这个分红险产品的固定利息。现在高息的分红险可以做到相当于2.5%的固定利息，而且不会受到银行利率波动的影响，这就是“锁利”。分红是指保险公司每年会把产品盈利的70%分给各投保人，这个收益虽然是不保证的，但是到目前为止，各家保险公司每年都有分红，只是每年每家公司都有所不同罢了。

(2) 万能险的投资渠道与分红险大致相同，只是用于股票、基金投资以及建设项目投资等风险投资的比例稍大一些，所以一般来说，万能险的收益更高。万能险也有一个保底收益，比如1.75%，与分红险不同的是，万能险不进行分红等利益分配，收益全部反映在净值的增长上。而且万能险的收益是月复利，而非银行存款和国债的单利，也不是分红险的年复利，所以万能险的实际收益一般都高于这三者。但是风险也相应提高，如果保险公司的投资和运营出现问题，那就只能获得保底收益了。

(3) 投连险是保险理财产品中收益和风险最高的，它的投资与FOF基金（俗称基金中的基金）类似，在我们现有的几百种基金中进行优选投资，也会有少部分直接投资于股票，不同风险等级的账户与股市挂钩的投资比例也不同。与基金的不同之处在于：投连险没有排名的压力，所以更追求绝对收益而不是相对排名；风险投资比例的变动范围更大。所以它的风险要比基金小得多。当然，在单边牛市中的收益也达不到基金那么高。与基金相同的是，风险自担，没有保底收益。

如果用以上三种保险理财产品做教育金理财，在流动性方面，投连险＝万能险＞分红险。同时，它们都有一个共同的特点，就是用合同来约束投保人长期持有、定期投入；在安全性方面，投连险＜万能险＜分红险。所以，分红险更利于长期持有、专款专用、定期投入。

银行卡片：伴你潇洒走四方

什么是银行卡？银行是由银行发行、供客户办理存取款业务的新型服务工具的总称。银行卡包括借记卡和信用卡两种。因为各种银行卡都是塑料制成的，又用于存取款和转账支付，所以又称之为“塑料货币”。银行卡的诞生可以说是开启了银行业务的新时代。如今，银行卡如同人们生活中必不可少的通行证，被用于存取款、消费、理财……

对于信用卡，很多人是又爱又恨，爱它，因为它使用起来比较方便，并能够提供增值服务；恨它，由于它的不可控性经常会带来恶性的负债，使得自己每月都需要支付高额的利息。其实，如果只是单纯地把信用卡当作消费和投资的工具，可谓是“大材小用”了。信用卡的使用重在一个“巧”字。学会巧用信用卡，既能享受诸多便捷，又能节省费用投资理财，用明天的钱改善今天的生活。

1．“一卡多账户”灵活方便

“一卡多账户”功能是可以在同一张银行卡下设立不同的账户：活期、三个月定期、半年定期、一年定期、三年定期等。在银行的柜台上一次办理“一卡多服务”业务后，你就可以在家中或是办公室里通过电话银行或者网上银行，把自己的钱“搬来搬去”了。如一位人士把一笔钱入账，2000元放在活期账户里，以备日常消费和开支；500元存入三个月定期，预备女儿的生日宴会之用；500元存入一年定期，准备春节的时候给父母一个“大礼包”；1500元放进三年定期，投资市场不太景气的日子里，就保守地拿点定期利息，收益率也不算低了。

2．不同币种一卡理财

“一卡多币种”是和“一卡多账户”类似的一项银行卡服务，在同一张银行卡下拥有美元、欧元、港币、日元等多个不同币种的账户。还有的银行将“一卡多账户”和“一卡多币种”的服务进行了“打包”服务，就是说，在同一张银行卡下拥有多个币种、不同储种（活期、不同时间的定期）的账户。

3．银行卡内“定活理财”

比起“一卡多账户”，银行卡内“定活理财”更加省事方便，只需要在银行设定不同存款比例，银行就会自动为你将资金“搬运”到不同的存款账户里。在必要的时候，还可以在活期和定期之间灵活调度资金，让你既享受到活期的便利，又不失去定期的收益。

目前的银行卡内“定活理财”主要有两种方式。一种是设定好活期存款的数额，其余的资金都划转到定期账户中去，当然了，定期究竟“定”多久也由你选择。另外一种是设定好定期存款的数额，其余的资金则转到活期账户里。

此外，还可以根据自己的收入和支出的特点，选择相应的“定活理财”服务，设定好活期账户或是定期账户的账面保持额度，让银行卡内的资金灵活和收益两不误。

4. 银行卡亦可投资

借助银行卡，市民们完全可以进行股票、基金、债券、外汇各种金融产品的交易。目前，各个银行基本上都开通了“银证通”、“银证转账”、“银基通”和“银保通”的业务。

“银基通”和“银证通”很相似，银行卡的用户可以使用“银基通”的功能从事银行所代理的基金的交易。有时候，在基金新推出之际，使用银行卡买卖基金还可以享受基金还可以一定幅度的价格折扣。

使用“银证通”和“银基通”还有一个最大的好处，那就是可以通过电话银行和网络银行，发出交易的指令，坐在家中，打打电话、敲敲键盘，就可以轻松投资，既免去了路途劳顿之苦，又不用担心错过重要信息。

典当服务：让资金流动起来

典当行亦称典当公司或当铺，是主要以财物作为质押进行有偿有期借贷融资的非银行金融机构。“以物换钱”是典当的本质特征和运作模式。当户把自己具有一定价值的财产交付典当机构实际占有作为债权担保，从而换取一定数额的资金使用。当期届满，典当公司通常有两条营利渠道：一是当户赎当，收取当金利息和其他费用营利；二是当户死当，处分当物用于弥补损失并营利。

典当行作为一种既有金融性质又有商业性质的、独特的社会经济机构，融资服务功能是显而易见的。融资服务功能是典当行最主要的，也是首要的社会功能，表现为典当行进行的货币交易功能。此外典当行还发挥着当物保管功能和商品交易功能。典当行还有其他一些功能，诸如提供对当物的鉴定、评估、作价等服务功能。

典当行随着社会经济的发展而兴起，但在不同国家的不同历史时期，典当行的存在必须具备一定的条件。这些条件包括客观条件和主观条件、一般条件和个别条件等。

一、客观条件

客观条件是指世界上所有典当行赖以存在的一般的、共同经济物质条件，主要有以下两个方面：

1. 多元化融资需求的存在

人们的融资需求是多种多样的。同是个人融资，又有多种层次、多种类型之分，必然造成多元化融资方式和多元化融资渠道的出现。就典当行而言，它是采取以物质押的融资方式即典当方对外发放小额、短期贷款的一种融资渠道。从世界范围看，典当行的贷款对象通常为个人或一些中小企业，因为此二者往往不容易从其他融资渠道获得贷款。

2. 不同融资方式比较优势的存在

银行业、保险业、证券业和信托业是现代金融业的四大支柱。

在历史上，典当业曾一枝独秀，发挥过重要作用。至今，与这四大金融产业、特别是银行业相比，典当业仍有一定的相对优势，双方在许多方面形成互补关系，相互作用，不可替代。以融资方式而论，典当行与银行差异十分明显。

（1）典当行放贷不以信用为条件，不审核当户的信用程度，只注重当户所持典当标的的合法性及价值如何；而银行放贷往往以信用为条件，审核客户的信用程度，包括资产信用和道德信用，如规定资质条件、以存定贷等。

（2）典当行既接受动产质押也接受权利质押，充分满足个人“以物换钱”的融资需求；而银行通常只接受权利质押，无法满足个人以物换钱的融资需求。

（3）典当行发放贷款不限制用途，悉听当户自便；而银行发放贷款往往限制用途，如住房贷款、汽车贷款、助学贷款、旅游贷款等指定用途贷款。

（4）在时间上，典当行发放贷款程序简单，方便快捷，最适用应急性或救急性的融资要求；而银行发放贷款程序复杂，不适用应急性或救急性的融资需求。

（5）在空间上，典当行发放贷款的地域性限制不强，当户凭有效证件可以异地融资；而银行发放贷款有较强的地域性限制，客户异地融资障碍较多，往往难以实现。

二、主观条件

主观条件是指世界上所有典当行赖以存在的个别的、独特的政策法律条件，主要有以下两个方面：

1. 政策法律环境决定典当行的生存

典当行的存在不能脱离一国政策法律的大环境。世界各国和地区政策法律环境的不同，也就决定了这些国家和地区典当行生存空间的大小和生存质量的高低。如法国政府立法规定，禁止私营的独资典当行存在；而美国各州立法则允许不同产权性质的典当行经营，无论是实行独资、合伙还是公司性质的企业法律制度均可。在我国，中国人民银行监管典当业期间施行的《典当行管理暂行办法》第四条和第十条曾分别规定："典当行应比照有限责任公司形式组建"，"禁止设立个体典当行"。而目前国家经贸委施行的《典当行管理办法》第三条第二款只规定："本办法所称典当行，是指依照《中华人民共和国公司法》和本办法所设立的专门从事典当活动的企业法人。"

2. 政策法律环境决定典当行的发展

典当行的生存和发展是两个不同的概念。由于世界各国和地区的政策法律不同，典当行既能生存又能发展的情况有之；而典当行生存易、发展难的情况亦有之；甚至典当行面临生存和发展两难的情况也并不鲜见。

如美国《得克萨斯州典当法》规定：新开设典当行所在地区必须满足"每县 25 万人口以上"的硬性条件，且"每家典当行之间的距离必须保持在 2 英里以上"。这就是说，典当行在人口多的地区可以依法生存和发展，而却不能前往人口少的地区布点开业及发展。相比之下，目前国家经贸委新颁施行的《典当行管理办法》，则在入市门槛、股权结构、负债经营、业务范围、分支机构、死当处理等诸多方面，为我国典当行提供了空前巨大的发展空间，它必将进一步释放典当行的能量，从而引导典当业为我国市场经济的不断繁荣作出新的贡献。

典当公司的发展为个人和中小企业提供了快捷、便利的融资手段，促进了生产的发展，繁荣了金融业，在历代经济发展中都发挥了重要的作用。

第一，典当行是货币流通的重要渠道。典当行出现以后，在原有的货币流通渠道之外，又形成了一个新的货币流通渠道，即以典当行为中心、完成货币投放和回笼的渠道。当年最早的典当行——寺院质库的运作，就深刻地反映了这种情形。

第二，典当行是商业募资的有效途径。典当行在本质上是具有商业性的金融组织。作为商品经济的产物，它必然要参与商品交换并为其服务，从而赚取利润，维持自身生存。典当行的商业性首先表现为，它在产生初期主要担负着筹措资金的任务。

第三，典当行是国家财政的补充来源。典当行成为国家财源的另一个标志是缴纳当税。

第四，典当行是调节经济的辅助部门。古代典当行是特殊形式的信用机构，故常受到统治阶级的倚重。封建国家有时还把它作为调节社会经济发展、推行某种经济政策的辅助部门加以利用。现在。典当行的这种地位逐渐下降。

票据贴现：让“死钱”复活

说起票据贴现，很多人觉得比较陌生，但这却是金融学中与日常生活关系比较密切的概念。先看一个小故事：

信誉卓越的吉列刀片公司要100万美元的钢材，它只拿出20万现金，同时交给钢铁厂一张纸片，上写："这是价值80万美元的吉列刀片公司钞票，半年后可以向吉列公司贴现。"一个月后，钢铁厂在购买80万元的设备时付出了这张"钞票"："拿好了，这是大名鼎鼎的吉列公司的钞票，到期即可兑换哦。"……就这样陆续转手5次，5笔买卖全部成交。

3个月后，拥有这张"钞票"的建筑公司急需现金，一家金融公司说："给我这张钞票，我付给你80万元现金。"在扣除3个月贴现利息后，金融公司付账。又是3个月后，它们向吉列公司领取了80万元现金。

结果，因为有了这张票据，3个月内多了5次买卖，虚拟资金增加了5次流动。

所谓票据贴现，是指资金的需求者，将自己手中未到期的商业票据、银行承兑票据或短期债券向银行或贴现公司要求变成现款，银行或贴现公司（融资公司）收进这些未到期的票据或短期债券，按票面金额扣除贴现日至到期日的利息后付给现款，到票据到期时再向出票人收款。

说得更明白一点就是，如果你急需用钱，可以把自己持有的还没到期的银行票据转让给银行（包括商业银行、承兑公司、结算公司等）。经过银行审查同意后，银行会扣除从当天起至到期日期间的利息（称之为贴现利息或折扣），然后让你提前拿到现金。当该票据到期后，银行再根据这张票据向付款人收取款项。

在这里需要注意一点，票据贴现的贴现期限都比较短，一般不会超过6个月，而且可以办理贴现的票据也仅仅限于已经承兑的并且尚未到期的商业汇票。

贴现市场的交易种类大致可分为两类，一是票据持有人向商业银行或贴现公司要求贴现换取现金的交易，这种交易占贴现市场业务的大部分；另一种是中央银行对商业银行或贴现公司已贴现过的票据再次进行贴现，为银行和贴现公司融通资金。再贴现是中央银行控制金融与信用规程的一个重要手段。票据贴现的种类还可以根据票据的不同分为银行票据贴现、商业票据贴现、债券及国库券贴现三种。

票据贴现的常用计算公式如下：

贴现利息＝票据面额 × 贴现天数 /360× 年贴现率

贴现付款额＝票据面额－贴现利息

例如，某企业持有一张面额 10 万元的银行承兑汇票，离到期日还有 81 天，如果年贴现率为 5%，问该企业进行票据贴现能得到多少现金？

根据上述计算公式可知：

贴现利息＝ 100000×（81÷360）×5%＝ 1125（元）

贴现付款额＝ 100000 － 1125 ＝ 98875（元）

因此，该企业进行票据贴现可得到 98875 元。

票据贴现有助于企业搞活资金流通，但应当注意的是，并不是所有的票据都可以贴现，票据贴现需要具备合格的申办条件和相应手续。

第一，票据贴现应具备的申办条件。

1．该票据必须是符合《中华人民共和国票据法》和《中国人民银行支付结算办法》规定的有效票据，并且基本要素齐全。

2．单张汇票金额不超过1000万元人民币。

3．汇票的签发和取得必须以真实合法的交易关系和债务关系为基础。说穿了就是，这张票据不是弄虚作假得来的。

第二，票据贴现时应该提供的资料。

1．申请单位的企业法人资格证明文件，以及银行要求提供的其他法律文书。

2．经过年审合格的企业法人营业执照复印件。

3．申请贴现的承兑汇票。

4．企业法人代表证明书或授权委托书，如果是有限公司还需提供董事会决议及公司章程。

5．企业近期财务报表。

6．贴现申请书。

7．申请人和出票人双方交易合同的复印件、增值税发票复印件。

第三，票据贴现的申请程序。

1．把还没有到期的银行承兑汇票或商业承兑汇票递交给银行或其分支机构，填制“承兑汇票贴现申请书”，申请办理贴现。

2．银行按照规定程序，确认这张承兑汇票的真实性和合法性，并且确认其贸易背后也是真实、合法的。

3．按照公式计算票据贴现的利息和金额。

4．具体发放贴现贷款。

在票据贴现中，人们常常把票据贴现和银行贷款混淆，虽然票据贴现和银行贷款都是银行的资产业务，也都是为客户融通资金，但两者之间还是有很多区别的。

1. 资金流动性不同

由于票据的流通性，票据持有者可到银行或贴现公司进行贴现，换得资金。但贷款一般是有期限的，在到期前是不能回收的。

2. 利息收取时间不同

贴现业务中利息的取得是在业务发生时即从票据面额中扣除，是预先扣除利息。而贷款是事后收取利息，可以在期满时连同本金一同收回，也可以根据合同规定，定期向贷款人收取利息。

3. 利息率不同

票据贴现的利率比贷款的利率低，因为持票人贴现票据目的是为了得到现在资金的融通，并非没有这笔资金。如果贴现率太高，持有者完全可以选择不进行票据贴现。

4. 资金使用范围不同

持票人在贴现票据以后，就拿回了属于自己的资金，也就是说，就拥有了资金的使用权，此时，他可以根据自己的需要使用这笔资金，而不会受贴现银行或公司的限制。但贷款就不同了，贷款资金的使用情况直接关系到贷款的回收情况，所以借款人在使用贷款时，是会受到贷款银行的审查、监督和控制的。

5. 债务债权的关系人不同

贴现的债务人不是申请贴现的人而是出票人即付款人，遭到拒付时才能向贴现人或背书人追索票款。而贷款的债务就是申请贷款的人，银行直接与借款人发生债务关系。

6. 资金的规模和期限不同

票据贴现的金额一般不太大，每笔贴现业务的资金规模有限，可以允许部分贴现。票据的期限较短，一般为 2 ～ 4 个月。然而贷款的形式多种多样，期限长短不一，规模一般较大，贷款到期的时候，经银行同意，借款人还可继续贷款。

票据贴现使资金供需双方互相利用，共获利益，在货币市场活动中处于中心地位。对银行或贴现公司来说，贴现可获得以下利益：利息收益较多；资金收回较快；资金收回较安全等。对于贴现的企业和个人来说，通过贴现可以取得短期融通资金。